_____ 드림

초판 1쇄 인쇄 2015년 1월 20일
초판 1쇄 발행 2015년 1월 27일

지은이 정완상
글 안치현
그림 VOID

발행인 장상진
발행처 경향미디어
등록번호 제313-2002-477호
등록일자 2002년 1월 31일

주소 서울시 영등포구 양평동 2가 37-1번지 동아프라임밸리 507-508호
전화 1644-5613 | **팩스** 02) 304-5613

ⓒ 정완상
ISBN 978-89-6518-124-8 63410
　　　978-89-6518-123-1 (set)

· 값은 표지에 있습니다.
· 파본은 구입하신 서점에서 바꿔드립니다.

경향에듀는 경향미디어의 자녀교육 전문 브랜드입니다.

5학년 1학기 초등 수학 개정 교과서 전격 반영

몬스터 마법수학

루시퍼의 지구 침공 上

약수와 배수 | 약분과 통분
분수의 덧셈과 뺄셈 | 분수의 곱셈과 나눗셈

저자 **정완상** 글 **안치현** 그림 **VOID**

경향에듀

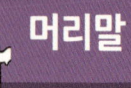
머리말

〈몬스터 마법 수학〉으로 초등 수학 완전 정복!

　흔히들 기본에 충실하면 된다고들 말하지요. 계산에만 열을 올리고 있다가 처음 문장제(문장으로 기술된 수학 문제)를 접하게 되면 초등학생들은 어떻게 식을 세워야 할지 몰라 난감한 표정을 짓습니다. 그래서 이번 시리즈를 준비해 보았습니다. 초등 수학의 대표적인 문제 유형을 동화로 풀어 쓰자는 것이 이번 기획이었지요. 스토리 작가와 수학 콘텐츠 작가와 삽화 작가 세 사람이 재미있는 책을 만들기 위해 서로의 장점을 모았습니다.

　최근 스마트폰의 열풍으로 아이들이 스마트폰의 게임이나 채팅에 너무 많은 시간을 빼앗겨 수학 공부에 재미를 붙이기가 쉽지 않습니다. 교과서가 과거보다는 많이 나아졌지만 아이들의 흥미를 유발하기에는 아직 부족한 점이 많다는 생각에 이 책을 기획하였습니다. 이 책은 아이들이 마치 게임을 하듯이 술술 읽어 내려가면서 저절로 수학의 개념을 깨우치도록 하는 데 목적을 두었습니다.

5학년 1학기 과정은 4학년 수학의 연장입니다. 5학년 1학기 과정은 약수와 분수, 약분과 통분, 분수의 덧셈·뺄셈·곱셈·나눗셈, 도형의 합동, 직육면체와 정육면체, 평면 도형의 넓이, 여러 가지 단위 등입니다.

이 책을 통해 아이들이 동화의 세계와 수학 공부가 따로 존재하는 것이 아니라 공존할 수 있다는 것을 알게 되었으면 합니다. 또한 스토리텔링을 이용한 수학 공부를 통해 아이들이 수학에 점점 흥미를 가지게 되어 오일러나 가우스와 같은 훌륭한 수학자가 탄생하기를 기원해 봅니다. 끝으로 이 책이 나올 수 있도록 함께 고민한 경향미디어의 사장님과 경향미디어 편집부에 감사의 말을 전합니다.

국립 경상대학교 물리학과 교수 정완상

목차

상권

루시퍼의 역습

- **1장** | 외계인의 침공! … 18
- **2장** | 납치된 친구들 … 42
- 와구와구 수학 랜드 1 … 62
- 수학 추리 극장 1 … 72

출격! 미카엘 특수 부대

- **3장** | 인해 전술! 오크 부대! … 80
- **4장** | 막강 화력! 트롤 부대! … 100
- 와구와구 수학 랜드 2 … 120
- 수학 추리 극장 2 … 124

하권

무적의 언데드 군단

1장 | 불사의 암흑 기사단
2장 | 공포의 고스트 스켈레톤
와구와구 수학 랜드 1
수학 추리 극장 1

분노한 루시퍼에 맞서다!

3장 | 위험천만한 구출 작전
4장 | 미카엘, 신의 한 수!
와구와구 수학 랜드 2
수학 추리 극장 2

등장인물

반올림

초등학교 6학년으로 평소에는 덤벙거리지만 한번 문제에 맞닥뜨리면 엄청난 집중력과 응용력을 발휘한다. 임기응변과 순발력이 좋다. 아름이, 일원이와는 유치원 삼총사다. 어렸을 적부터 천부적인 수학적 재능을 가지고 있었으며 장래희망은 세계적인 수학자이다.

담임 선생님으로부터 방학이 끝나면 국제 수학 올림피아드 대회에 참가할 팀을 선발한다는 소식을 접한다. 단, 세 명 이상으로 구성된 팀이어야 한다는 조건이 있다. 삼총사 중 한 명인 아름이의 삼촌이자 수학 대가인 피타고레 박사님을 찾아가 함께 지내며 방학 동안 수학을 완벽히 마스터하기로 결심한다.

아름

반올림과 같은 반의 반장으로 반올림의 단짝이다. 새침하고 도도하며 공주병 증상이 있다. 속으로 반올림을 좋아하고 있지만 겉으로는 관심 없는 척한다. 수학을 제외한 모든 과목에서는 전교 1등을 놓친 적이 없다. 국제 초등학생 미술 대회와 피아노 콩쿠르에 나가서 우승을 차지할 정도로 예능에도 대단한 실력을 가지고 있다. 자신의 콤플렉스인 수학 성적을 올리기 위해 반올림과 한 팀이 되어 수학 올림피아드 대회에 참가하기로 마음먹는다.

일원

반올림과 같은 반이며 단짝이다. 뚱뚱하고 덩치가 크다. 먹는 것이라면 자다가도 벌떡 일어나고 배가 고프면 항상 반올림을 귀찮게 조른다. 집순녀이 부족하고 공부 자체에 대한 열의가 없지만 방학이 시작되자마자 반올림, 아름이와 함께 놀기 위해서 억지로 섬에 따라가게 되었다.

야무진

부유한 모기업 회장님의 아들로 자칭 타칭 얼리어답터이다. 최신형 스마트폰과 최신형 스마트패드를 지니고 최신형 롤러 신발을 신고 있다. 과학에서만큼은 누구에게도 지지 않는다. 다만 수학은 반올림에게 뒤진다는 생각에 반올림에게 라이벌 의식을 가지고 있다. 아름이를 좋아하여 늘 반올림보다 멋져 보이려고 노력한다. 유난히 깔끔한 척을 하며 벌레와 파충류를 무서워하는 약점이 있다.

피타고레 박사

수학계의 거장이다. 덩치도 거대하고 자칭 고대 천재 수학자 피타고라스의 후예라고 지칭한다. 그래서 자신의 별명 또한 피타고레로 지었다. 초등 학생들의 수학 기초력 향상을 위해서 무인도에 연구소를 차려 놓고 운영 중이다. 순수하면서도 괴짜인 수학 박사로, 자신의 수학적 지식을 친구로부터 선물 받은 알셈이라는 로봇의 전자두뇌에 입력했다.

알셈

피타고레 삼촌이 친구에게서 선물 받은 로봇으로, 피타고레의 조수 역할을 한다. 박사와 함께 수학을 연구하는 땅딸보 로봇(키 60cm) 알셈은 인간에게 무척 얄밉고 거만하게 구는 면이 있다. 하지만 위기가 닥치면 로봇다운 힘을 발휘하기도 한다.

유령선 미카엘

원래는 수학을 지키는 천사 미카엘이었으나 죄를 짓고 벌을 받아 유령선이 되어 지구에 떨어졌다. 벌을 면제받으려면 세 명 이상의 인간에게 완벽하게 수학을 알려 주어야 한다. 반올림 일행에게 마법의 아이템을 주고 퀘스트를 통해 그 아이템들을 강화시켜 주면서 일행을 돕는다.

루시퍼

한때 신으로부터 총애받는 천사였으나 신을 배신하고 반란을 일으켰다가 처참하게 패배하여 지구로 떨어졌다. 자신을 최고의 천사에서 악마로 만든 신을 항상 원망하며 유령선 미카엘이 다시 숫자의 천사로 돌아가려는 것을 악착같이 방해한다.

용용이

반올림과 친구들이 유령선 지하에 있는 몬스터 숙소에서 만나게 되는 새끼 드래곤. 알셈만 한 덩치에 작은 날개와 뿔을 가졌으며 온몸이 하얀 것이 특징이다. 반올림과 친구들이 문제를 해결하는 데 큰 도움을 주지만 언제부터 유령선에 살고 있었는지는 아무도 모른다. 용용이라는 이름은 아름이가 지어 줬다.

숫자벨 여사

몬스터 유령선 안에 있는 마법 학교의 원장이다. 그녀는 유령선의 보조 역할을 하고 있으며 유령선이 태우고 있는 몬스터들과 유령선에 타는 인간들에게 수를 알려 주는 것이 주된 임무이다.

해골 대장

숫자벨 여사가 데리고 있는 몬스터들의 대장이다. 숫자벨 여사가 수학에 최고의 열정을 보인 몬스터들 중에서 특별히 조수로 뽑았다.

루시퍼의 대장급 부하

왼쪽부터 오우거, 데스나이트, 리치이다. 몬스터 군단을 이끄는 대장급 보스이다. 루시퍼에게 충성을 맹세했다. 반올림 일행이 가는 길목마다 나타나 그들의 발목을 잡는다.

프롤로그

　　우리의 주인공 반올림은 수학 올림피아드 우승이 목표이다. 3명이 조를 이루어야 나갈 수 있는 대회라서 방학 동안 친구들과 수학 특훈을 하기로 한다. 일원이, 아름이 그리고 야무진과 함께 아름이의 삼촌인 피타고레 박사가 있는 무인도로 여행을 떠난다. 괴짜 로봇 알셈과 피타고레 박사를 만나 수학 연구소가 있는 무인도로 가기 위해 배를 탄 반올림 일행. 그런데 갑자기 정체모를 비바람이 몰아치며 배가 침몰할 위기에 처한다.

　　그때 어디선가 거대한 배가 나타났고 일행은 침몰 직전 그 배에 옮겨 탔다. 놀랍게도 그 배는 과거 수학 세계의 대천사라 불렸던 유령선 미카엘이었다! 미카엘은 반올림을 포함한 일원이, 아름이에게 수학을 가르쳐 다시 천사들의 세계로 돌아가려 하고, 미카엘과 함께 지구에 떨어진 마왕 루시퍼가 그런 미카엘을 방해한다.

　　유령선 안에 있는 몬스터 마법 학교에 들어가게 된 반올림 일행. 그런데 일원이가 학교 밖으로 나가서는 안 된다는 규칙을 어겨 해골 대왕의 저주를 받게 되어 시간 여행을 떠나게 된다. 고대 이집트와 중세 시대에서 수학 모험을 무사히 마치고 현대로 돌아오는 중 늑대인간의 섬에 불시착하게 되고 그들을 도와 몽골군과의 전투를 승리로 이끈다. 유령선의 수리는 무사히 마쳤지만 매스 크리스털이 파괴되어 시간 여행이 불가하게 되었다는 소식에 좌절하는 반올림 일행. 그러나 대담무쌍하게 마왕성에 잠입해 루시퍼의 매스 크리스털을 빼오자는 계획을 세운다. 그리고 화이트 드래곤 라파엘의 도움을 받아 계획에 성공해 무사히 지구로 돌아온다. 파란만장한 여름방학을 보내고 가을의 어느 날, 복수심에 불타는 루시퍼가 지구를 침공하는데……

수학왕 반올림과 함께 배워요!

· 약수와 배수
· 약분과 통분

정완상 선생님의 **수학 교실**

나와 친구들은 수학 천사 미카엘을 만나 시간 여행을 하며 몬스터들과 대결하는 등 여름 방학의 거의 대부분을 수학 공부를 하며 보냈다. 유령선의 시간 여행 장치가 파괴되어 돌아오지 못할 뻔했으나, 마왕성에 잠입해 '매스 크리스털'을 빼오는 데 성공하여 2주 전에 원래 세계로 돌아왔다. 모험 도중 위기의 순간마다 주어지는 수학 문제를 풀다 보니 우리의 수학 실력은 한층 향상되었다. 덕분에 여름 방학이 끝나고 일원이, 아름이와 함께 나간 수학 경시 대회에서 우리는 모두 무난히 입상할 수 있었다. 입상과 동시에 우리는 다음 달에 있을 수학 올림피아드에 학교 대표로 출전할 자격을 얻었다.

아름이의 삼촌인 피타고레 박사님께서 학교 대표로 뽑힌 걸 축하하는 의미로 주말 나들이를 제안하셨다. 그래서 화창한 토요일인 오늘, 우리는 피타고레 박사님의 차를 타고 나들이를 가고 있다. 피타고레 박사의 조수인 로봇 알셈과 야무진도 함께였다. 그 모험 이후 친구들과 어딘가를 가는 게 오랜만이라 오늘을 얼마나 손꼽아 기다렸는지 모른다. 그런데 나를 비롯해 아름이, 일원이의 표정이 그다지 좋지 않다. 그중 특히 일원이는 불만이 가득한 얼굴로 아까부터 투덜댔다.

"박사님! 수학 올림피아드 학교 대표로 뽑혔잖아요! 축하해 주려고 나들이 가는 거잖아요! 그럼 오늘만큼은 저희가 가고 싶은 데로 데려가 주시면 안 돼요?"

"맞아요, 삼촌. 이런 화창한 가을날에 박물관이라니요? 너무해요!"

일원이의 항의에 아름이도 한 마디 거들었다. 그렇다. 피타고레 박사님께서 정하신 나들이 장소는 바로 서울시 용산구에 위치한 국립중앙박물관이다. 다시 한 번 말하지만 이건 어디까지나 피타고레 박사님께서 일방적으로 정하신 것이다.

"어허! 박물관이 얼마나 유익하고 재미있는 곳인데!"

"저휜 놀이공원에 가고 싶었다고요! 청룡열차! 바이킹! 자이로드롭! 안 그래, 반올림?"

"아, 아니……. 난 뭐 딱히……."

야무진이 '너도 좀 거들어라.'라는 표정으로 나를 보며 말했지만 사실 난 고소공포증이 있어서 놀이공원을 그다지 좋아하진 않는다.

"난 엘리베이터만 타도 마음이 불안해서……. 놀이기구는 잘 못 타."

"올림아, 그래도 박물관보다는 회전목마라도 타는 게 낫지 않니?"

"그래. 솜사탕도 먹고, 추로스도 먹고, 구슬아이스크림도 먹고!"

"그, 그렇지. 박물관보다는 놀이공원이 좋지."

아름이와 일원이가 눈을 빛내며 '놀이공원으로 가자.'는 쪽에 한 표 던지길 유도했다.

"어휴, 인간들. 아까부터 정말 쨍알쨍알 시끄럽네. 다 왔으니 내릴 준비나 해."

조수석에 아름이와 함께 앉은 알셈이 뒤돌아보며 말했다. 어느새 국립 중앙 박물관에 도착했나 보다. 차창 밖으로 국립 중앙 박물관이 보였다.

'끄응, 결국 박사님의 고집을 꺾을 수는 없었군.'

"어? 왜 이렇게 어둡지?"

거대한 그림자가 세상에 드리운 듯 갑자기 어두워졌다. 박사님께서는 차를 잠시 세우고 차창 밖으로 하늘을 올려다보며 말씀하셨다.

"어라? 이상하구나. 일기 예보에 비 온다는 얘기는 없었……. 우와앗?!"

"왜 그러세요? 으아아악! 저게 뭐야?!"

우리는 모두 창문 밖으로 고개를 내밀어 하늘을 올려다봤다. 세상에, 하늘에 거대한 접시 모양의 비행 물체가 둥둥 떠 있었다. 비행 물체가 피타고레 박사님의 차 위를 지나면서 생긴 그림자 때문에 갑자기 어두워진 것이었다. 비행 물체는 우리를 지나 국립 중앙 박물관 상공에서 멈췄다. 바로 위를 지날 때는 너무 거대해서 전체 형상을 확인할 수 없었지만 국립 중앙 박물관 상공에 멈춰 서 있으니 전체 형상을 볼 수 있었다.

"저, 저게 뭐야? UFO 아냐?"

야무진이 스마트폰으로 비행 물체를 촬영하며 말했다.

"그러고 보니, 원형의 접시 모양인데?"

"어? 저길 좀 봐, 뭔가 내려오고 있어!"

아름이가 손가락으로 가리킨 곳을 보니 열린 UFO 문에서 뭔가가 떨어지고 있었다.

"저게 뭐지?"

아래로 내려오는 '무언가'를 모두 쳐다보고 있을 때 차 안의 라디

오에서 다급한 아나운서의 목소리가 흘러나왔다.

"긴급 속보입니다! 현재 서울시 용산구의 상공에 미확인 비행 물체가 나타났습니다. 그곳에서 정체를 알 수 없는 외계인들이 땅으로 내려오고 있다는 속보입니다! 국민 여러분께서는 만일의 사태에 대비해 안전한 곳으로……."

"외, 외계인?!"

그렇다면 UFO에서 떨어지고 있는 저게…… 외계인? 나는 UFO를 자세히 들여다봤다. 이럴 수가!

"앗, 외계인이 아니야! 애늘이, 자세히 봐! 저건 몬스터들이야!"

"으악! 정말이잖아?"

UFO에서 스켈레톤, 오크, 트롤 같은 흉측하고 거대한 몬스터들이 저마다 다양한 무기를 손에 들고 지상으로 내려오고 있었다. 그들은 유령선에 타고 있는 몬스터들과 달리 겉보기에도 아주 험악해 보였다. 지상에 착지한 몬스터들은 주위를 두리번거리며 뭔가를 찾는 것 같았다. 그 와중에 근처에 있는 건물에 뛰어 들어가 횡포를 부리고 사람들에게 괴성을 지르며 달려들었다. 몬스터에 놀란 사람들은 비명을 지르며 도망쳤다.

"안 돼! 사람들이 위험해!"

"박사님! 시내 쪽으로 가 주세요! 우리가 사람들을 구해야 해요!"

"그, 그래. 알았다!"

우리가 가진 마법 아이템인 해골 목걸이, 팔찌, 헤드셋으로 서울을 침공한 몬스터들을 저지할 생각이다. 아이템을 사용하려면 몬스터와의 거리를 좁혀야 한다. 박사님께서 빠르게 시내 쪽으로 운전하셨다. 도망치는 사람들과 그들을 쫓는 몬스터들 사이가 점점

가까워졌다. 아직 마법 아이템 사정거리가 아닌데 이러다가는 눈앞에서 무고한 사람들이 몬스터들에게 당하겠어! 안 돼!

번쩍!

바로 그때 하늘에서 새하얀 빛이 번쩍였다. 눈을 조심스럽게 뜨자 놀랍게도 거리의 사람들이 몽땅 어딘가로 사라져 버린 게 아닌가? 사람들을 쫓던 몬스터들이 어리둥절해하며 주위를 두리번거리다가 위를 보더니 격분해 발을 동동 굴렀다. 녀석들의 시선을 따라 위를 올려다보니 반가운 모습이 보였다.

"미, 미카엘? 미카엘의 유령선이야!"

"지금, 서울에, 미카엘이 오다니! 그렇다면 설마 이 몬스터들은……?"

그때 우렁찬 미카엘의 목소리가 시내에 쩌렁쩌렁 울려 퍼졌다.

"반올림! 이 근처에 있는가? 내가 왔다! 미카엘이다!"

그 소리에 우왕좌왕하던 근처 다른 몬스터들의 시선도 거대한 유령선에 집중되었다. 아무래도 미카엘은 복잡한 시내에서 우리를 찾지 못하는 것 같았다. 나는 차창 밖으로 고개를 내밀어 미카엘을 향해 소리쳤다.

"미카엘! 저희 여기에 있어요!"

"오, 거기 있군!"

"이게 대체 어떻게 된 일이에요?"

"잘 들어라! 저 비행 물체는 루시퍼의 새로운 이동식 마왕성이나 다름없다. 그 녀석이 너를 쫓아 현대까지 온 모양이다. 다른 사람들은 누군가의 마법에 의해 안전한 곳으로 옮겨졌으니 지금부터 나와 함께 이 녀석들을 막아 내야 한다!"

"대천사 미카엘이다! 공격하라!"

미카엘이 천천히 지상에 착지하려 하자 UFO에서 내린 몬스터들이 미카엘을 발견하고 유령선으로 우르르 달려들었다.

"이런! 미카엘! 조심해요! 우리가 그쪽으로 갈게요!"

"음! 호락호락 당할 순 없지! 숫자벨! 문을 열어라! 배 안의 몬스터여, 두려워 말고 싸우라!"

"알겠습니다! 몬스터 여러분! 모두 출격하세요!"

"우와아아아!"

미카엘의 지시에 숫자벨 여사가 배의 문을 열었다. 그러자 기다리고 있었다는 듯 유령선 안의 몬스터들이 우르르 뛰쳐나왔다. 그렇게 서울 시내 한복판에서 루시퍼를 따르는 악한 몬스터들과 미카엘을 따르는 선한 몬스터들의 치열한 싸움이 시작됐다.

"박사님! 유령선 쪽으로 가 주세요. 미카엘은 배 밖으로는 어떤 힘도 쓸 수 없으니 우리가 지켜 줘야 해요!"

나는 미카엘 쪽을 보며 다급하게 외쳤다. 그런데 다급한 내 마음과 달리 차는 조금도 움직이지 않았다.

"오, 올림아! 그, 그게 말이다······."

"아이참, 뭐하고 계세요? 어서 출발······!"

답답한 내가 박사님을 돌아보며 재촉하려는 순간, 차가 움직이지 않는 '이유'가 보였다. 어느새 수많은 몬스터가 우리가 탄 차의 앞을 막고 서 있었다.

"이, 이런! 안 되겠어요. 박사님, 차를 돌려서 뒤쪽으로 가요! 어서요!"

"알았다! 으아아악! 뒤, 뒤쪽에서도 오는데?"

차를 돌려 돌아가려는데, 뒤쪽으로도 수많은 몬스터가 우리가 탄 차를 향해 달려오는 것이 보였다. 뿐만 아니라 왼쪽, 오른쪽에서도 몬스터들이 다가오고 있었다.

"50…… 75…… 90…… 이런, 100마리도 넘는군. 아무래도 포위된 것 같아. 인간들, 절대로 차 밖으로 나가면 안 돼!"

알셈이 렌즈로 사방팔방 둘러보며 말했다. 차 밖으로 나가 도망치기에도 이미 늦었다. 차 문을 꽉 잠그는 게 최선이었다. 순식간에 차를 에워싼 몬스터들이 차에 달라붙어 잠긴 차 문을 부수기 시작했다. 마치 공포 영화의 한 장면처럼 우리는 차 안에 갇혀 버렸다.

"어, 어쩌지? 차 문이 부서지는 건 시간 문제야!"

잔뜩 겁에 질려 움츠러든 그때 하늘에서 익숙한 목소리가 들려왔다.

"여러분! 도망치십시오!"

"이 목소리는?!"

쿠화아아아!

하늘에서 거대한 불길이 뿜어져 나와 차에 달라붙어 있던 몬스터들을 몽땅 태워 버렸다. 불길의 정체는 또 다른 수학 대천사이자 화이트 드래곤인 라파엘이었다.

"라파엘!"

"여러분, 제가 이곳을 맡겠습니다. 서둘러 유령선 쪽으로 가십

시오!"

"알았어요! 라파엘, 조심하세요!"

라파엘은 차 근처에 착지해 사방에서 달려드는 몬스터들을 향해 불을 뿜어댔다. 우리는 몬스터들이 모두 차에서 떨어져 나가자 어서 출발하라며 박사님을 재촉했다.

"이런! 얘들아, 아무래도 몬스터들이 차를 망가뜨린 것 같구나. 전혀 움직이질 않아. 걸어가야겠어."

그 말에 나는 뒤쪽에서 싸우고 있는 라파엘부터 확인했다.

'라파엘의 등에 타고 가면 되지 않을까?'

"아무리 드래곤이라도 우리 수가 더 많다!"

"라파엘!"

라파엘은 몬스터들에게 둘러싸여 몸 여기저기를 붙잡힌 채 공격당하고 있었다. 이곳을 벗어나기는 힘들 것 같으니 아무래도 수적 열세에 몰린 라파엘을 도와야겠다.

"에잇, 이 녀석들! 비키지 못해!"

나와 같은 생각이었는지 일원이가 먼저 자신의 마법 아이템인 헤드셋을 사용했다. 헤드셋에서 튀어나온 숫자들이 라파엘의 다리며 꼬리에 달라붙어 있던 몬스터들을 떼어 냈다. 하지만 나와 아름이는 그 장면에 환호할 틈도 없었다. 정면에서 달려드는 몬스터들을 향해 해골 목걸이의 광선을 쏘고, 팔찌의 보호막을 펼쳐야 했기 때문이다.

"뭐야, 이건! 대체 뭐가 이렇게 많은 거야?"

"올림아! 오른쪽 조심해!"

"에, 에잇!"

내 오른쪽으로 달려든 오크 한 녀석을 박사님이 발차기로 넘어뜨리셨다. 뒤에는 라파엘과 일원이, 가운데는 알셈과 야무진, 앞에는 나와 아름이, 박사님으로 대형을 짠 우리는 아주 조금씩 한 걸음 한 걸음 유령선 쪽으로 다가갔다. 몬스터들은 끝도 없이 몰려들었다. 10분이 지났지만 채 100미터도 걸어가지 못했다. 아름이가 외쳤다.

"안 되겠어! 몬스터 수가 줄어들지 않아!"

지금 우리 아이템 레벨로는 몬스터들을 뚫기 전에 우리가 먼저 지쳐 쓰러질 판이다. 그렇다면 방법은 하나뿐이다. 마법 아이템의 업그레이드! 나는 목청껏 미카엘을 불렀다. 미카엘의 퀘스트로 마법 아이템을 업그레이드할 수 있다면, 더욱 강력해진 힘으로 몬스터 무리를 뚫을 수 있을 것이다. 내 생각에 미카엘도 흔쾌히 응해 주었다.

"그래, 알았다! 으윽! 나도 공격을 받고 있어서 조금 정신 집중을…… 됐다! 준비해라!"

유령선 쪽도 공격을 받고 있는지 미카엘의 목소리는 아주 다급했다.

번쩍!

미카엘은 잠시 후 눈부신 빛을 뿜어내 언제나처럼 시간을 멈춰 주었다. 나와 친구들, 라파엘을 제외한 모든 몬스터의 움직임이 정지했다. 밀려드는 몬스터들을 상대한 우리는 모두 지쳐 잠시 자리에 주저앉았다.

"후우우우~ 잠깐만요, 미카엘. 퀘스트는 조금만 쉬었다가 하면 안 될까요?"

"미안하지만 시간 정지 마법을 오래 유지할 수 없다. 자, 빨리 퀘스트를 해결하거라. 너희 아이템의 레벨업을 위해선 한 사람당 두 개의 문제를 풀어야 한다. 시간이 없어!"

"알았어요. 그럼 저부터 문제를 주세요! 차라리 먼저 퀘스트를 클리어하고 마음 편히 쉴래요!"

일원이가 먼저 나섰고, 미카엘이 퀘스트 문제를 냈다.

"좋다. 간단한 약수 문제를 주지. 10의 약수를 모두 말해 보거라."

이 문제는 5학년 1학기 때 배운 약수 문제로 다행히 그리 어렵지 않다. 약수란 어떤 자연수를 나누어떨어지게 하는 수를 말한다. 예를 들어 4를 1로 나누면 4, 2로 나누면 2, 4로 나누면 1로 떨어지므로 4의 약수는 1, 2, 4 세 가지가 된다. 그렇다면 10의 약수는?

"정답은 1, 2, 5, 10입니다."

오! 일원이가 요행으로 수학 올림피아드 학교 대표에 뽑힌 게 아니었다. 막힘없이 술술 나온 대답에 이어지는 미카엘의 목소리도 밝았다.

"맞았다! 다음은 공약수 문제다. 8과 12의 공약수를 모두 말해 보거라."

"으음, 공약수라면 두 개 이상의 수의 약수 중에서 공통된 수……."

일원이는 두 번째 문제도 아는 듯했다. 만일 문제가 2와 4의 공약수를 구하는 문제라면 2의 약수는 1과 2이고 4의 약수는 1, 2, 4이므로 이 두 수의 약수 중 공통되는 1과 2가 두 수의 공약수가 된다. 그런데 미카엘은 8과 12의 공약수를 구하는 문제를 냈다.

"8의 약수는 1, 2, 4, 8이고 12의 약수는 1, 2, 3, 4, 6, 12니까 두 수의 공약수는 1, 2, 4입니다!"

"좋아! 정답이다."

"우와, 일원이 굉장한걸?"

"헤헤, 이 정도 가지고 뭘."

일원이의 헤드셋이 번쩍이는 걸로 보아 업그레이드가 된 것 같았다. 다음으로는 아름이가 나섰다. 미카엘은 이번에도 퀘스트 문제 두 개를 연달아 낼 테니 행운을 빈다고 했다.

"첫 번째는 배수 문제다. 1부터 100까지의 자연수 중에서 25의 배수는 몇 가지인가?"

배수란 어떤 수의 배가 되는 수를 말한다. 만일 5의 배수라면 5, 10, 15, 20…… 이렇게 무한한 배수를 가지고 있는데, 미카엘은 1부터 100까지의 자연수 중 25의 배수를 물었다. 아름이 역시 거침없이 답했다.

"1부터 100까지의 자연수 중 25의 배수는 25, 50, 75, 100 이렇게 네 가지가 있습니다."

"훌륭하군, 정답이다. 다음은 공배수 문제다. 100 이하의 수 중에서 5와 6의 공배수는 모두 몇 가지인가?"

공배수란 두 개 이상의 수의 배수 중에서 공통된 수를 말한다. 5의 배수와 6의 배수 중 공통되는 배수는 30이므로 이 수는 공배수가 된다. 그리고 이 30의 배수인 60도 5와 6의 공배수가 되므로 5와 6의 공배수는 30, 60, 90, 120…… 무한하다. 그렇지만 미카엘이 낸 문제는 '100 이하'라는 조건이 붙었으니…….

"5와 6의 공배수 중 100 이하의 수라면 30, 60, 90으로 세 가지가 있습니다."

"와우! 너희 둘 다 정말 수학 공부 많이 했구나!"

"그러게 말이다. 정말 많이 늘었는걸?"

털썩! 철퍼덕!

나와 피타고레 박사님이 두 친구를 칭찬했지만 일원이와 아름이는 대꾸할 기운도 없는지 자리에 털썩 주저앉아 버렸다. 미카엘은 지체하지 않고 내게 문제를 냈다.

"자, 반올림. 12와 40의 최대 공약수를 말해 보거라."

"최대 공약수요?"

최대 공약수란 두 수의 공약수 중 가장 큰 수를 말한다. 이 문제는 두 수를 함께 적고 나눗셈을 하면 편리하게 계산할 수 있다. 12와 40을 나누어떨어지게 하는 수로 가장 작은 수는 2이다. 2로 두 수를 나눈 몫을 그 수 아래에 쓴다. 그리고 6과 20을 계속 가장 작은 수를 이용해 나눈다. 6과 20을 2로 나눈 수도 똑같이 아래에 쓴다. 그러면 3과 10의 공약수는 1뿐이니 이제 왼쪽에 있는 수를 모두 곱하면 된다. $2 \times 2 = 4$!

```
2 ) 12  40
  2 )  6  20
        3  10
```

"12와 40의 최대 공약수는 4입니다."

"맞았다. 아이템 레벨업 마지막 문제다. 36과 90의 최소 공배수를 말해 보거라."

'흠, 예상대로 최소 공배수 문제군.'

최소 공배수는 두 수의 공배수 중 가장 작은 수를 말한다. 최소 공배수를 구할 때는 최대 공약수를 계산할 때와 마찬가지로 나눗셈을 이용하면 편리하다.

36과 90을 2로 나누면 18과 45가 된다. 그 두 수를 다시 3으로 나누면 6과 15가 되고, 다시 3으로 나누면 2와 5가 된다. 2와 5는 공약수가 1뿐이다. 이제 왼쪽에 있는 수와 아래쪽에 남은 수를 모두 곱하면 그 수가 두 수의 최소 공배수가 된다. $2 \times 3 \times 3 \times 2 \times 5 = 180$!

```
2 ) 36  90
3 ) 18  45
3 )  6  15
      2   5
```

"36과 90의 최소 공배수는 180입니다!"

"정답이다!"

내가 자신 있게 외친 답을 미카엘이 정답이라 인정하자 이내 멈췄던 시간이 다시 흐르기 시작했다.

"이얍! 받아라!"

"저리 비켜!"

"에잇, 마법 광선!"

"꾸에엑!"

몬스터들이 거세게 달려들었지만 레벨업된 우리 아이템은 훨씬 더 강력한 마력을 뿜어냈다. 광선 한 발에 서너 마리씩 쓰러뜨렸던 해골 목걸이가 레벨업이 되니 광선 한 발에 열 마리 가까이 날려 버

리는 위력을 보였다.

"휴우! 이제 좀 숨통이 트인다."

"헤헤, 그러게."

아름이와 일원이도 이전보다 여유를 찾은 것 같았다. 몬스터들은 계속해서 몰려왔지만 최소한 우리 주위에 딱 달라붙어 있던 녀석들은 치워 버릴 수 있었다. 라파엘이 외쳤다.

"좋아요! 일단 주위는 정리되었군요. 지금입니다! 어서 제 등에 올라타세요!"

2장
납치된 친구들

끈질기게 달려드는 몬스터들 중 라파엘의 꼬리를 붙잡으려는 한 녀석을 해골 목걸이의 광선으로 날려 버렸다. 아슬아슬하게 올라탄 나를 끝으로, 우리는 모두 라파엘의 등에 탑승했다. 라파엘은 힘차게 비상하여 순식간에 미카엘의 유령선 쪽으로 날아가 갑판에 착륙했다. 그곳에 도착하면 한숨 돌릴 줄 알았는데 웬걸, 유령선은 우리가 있던 곳보다도 훨씬 더 아수라장이었다. 미카엘을 따르는 몬스터들은 압도적인 숫자의 적에 밀려 돌파는커녕 유령선을 빙 둘러싸고 지키는 데만도 버거운 상황이었다. 미카엘이 말했다.

"음, 왔는가. 보다시피 이쪽도 그리 좋지 않은 상황이다."

"대체 이게 어떻게 된 거죠? 루시퍼가 어떻게 현대로 오게 된 거예요?"

"자세한 건 나도 모르겠다. 지난 번에 너희가 마왕성에 잠입했을 때 라파엘이 성을 불태우면서 루시퍼와 부하들도 뿔뿔이 흩어진 줄 알았는데……. 이런, 꽉 잡아라!"

유령선의 옆쪽에서 충격이 느껴졌다. 우지끈 하는 소리와 함께 유령선이 크게 휘청였다. 공격받는 미카엘 대신 숫자벨 여사님이 말씀하셨다.

"아무튼 지금 아주 위급한 상황이에요. 조금 전 지구 전체의 시간이 멈추고 여러분을 제외한 지구의 모든 사람이 어디론가 사라진 건…… 짐작건대 수학의 신 매스 님의 힘이 아닐까 싶어요."

"매, 매스 님이라면 수학 세계의 신이라는 그분 말씀이신가요?"

"맞아요, 반올림 군. 매스 님까지 나서서 지구인들을 보호하실 정도라면 이건 아주 중대한 문제입니다. 비록 수학 세계에서 추방된 미카엘 님과 스스로 지상으로 내려온 라파엘 님이지만…… 매스 님께서는 여러분이 두 수학 대천사를 도와 이곳을 지켜 내리라 믿고 계실 거예요."

"맞습니다, 여러분. 어떻게든 루시퍼가 타고 온 저 미확인 비행 물체, UFO를 지구에서 쫓아내야 합니다. 아무래도 저 UFO의 어떤 장치가 계속해서 몬스터들을 소환해 내고 있는 것 같아요."

라파엘도 거들었다. 그 말에 우리는 저 멀리 하늘에 떠 있는 UFO를 바라보았다. 학교 운동장만 한 크기의 UFO는 거대하긴 했지만 이렇게 시내를 가득 채울 정도로 어마어마한 몬스터들을 모두 태울

만큼의 크기는 아니었다. 라파엘 말대로 다른 공간에 있는 몬스터들을 계속해서 소환해 내는 장치가 따로 있는 것이 분명하다.

콰콰쾅!

그러던 와중 또다시 발생한 큰 충격에 유령선이 휘청였다. 루시퍼를 따르는 몬스터들이 배에 달라붙어 계속 공격 중이었고, 미카엘을 따르는 몬스터들은 녀석들의 공격을 필사적으로 막고 있었다. 잠시 상황을 지켜보던 라파엘은 날개를 펄럭이며 날아오를 준비를 했다.

"안 되겠군요. 유령선의 몬스터들이 미카엘을 보호하기에는 무리예요. 여기는 제가 유령선 몬스터들과 함께 맡을 테니, 여러분은 어떻게든 저 UFO를 물리칠 방법을 알아봐 주세요."

라파엘은 말을 마치고 유령선 아래쪽으로 불을 뿜으며 내려가 전투에 합류했다.

"올림아, 이제 어떻게 해야 하지?"

"차라리 군인 아저씨들이 싸우는 게 낫지 않을까?"

"맞아. 전투기라든지 미사일 같은 걸 잔뜩 퍼부으면 되잖아!"

아름이의 걱정에 일원이와 야무진이 의견을 말했다.

"소용없어요. 저 UFO는 루시퍼의 사악한 마법에 의해 만들어진 물체예요. 인간이 만든 것으로는 어떠한 피해도 입히지 못합니다. 오직 여러분이 가진 마법 아이템으로만 피해를 입힐 수 있어요."

숫사벨 여사님의 말을 들으니 답은 하나뿐이었다.

"그 말은 어떻게든 우리가 저기까지 가야 한다는 거군요?"

"맞습니다. UFO에 접근해서 여러분의 마법으로 쫓아내야 해요."

"알겠어요. 맡겨 주세요."

방법을 알았으니 이제 어려울 것이 없었다. 우리는 UFO 근처에 도착했을 때 펼칠 행동에 대해 짧은 회의를 가졌다. 아름이 목걸이의 보호막 마법과 일원이 헤드셋의 숫자 마법 그리고 내 해골 목걸이의 광선 마법을 언제 어떻게 사용할지에 대해 작전을 짰다. UFO 근처까지는 라파엘의 도움을 받기로 했다. 우리는 순식간에 갑판으로 날아온 라파엘의 등에 다시 올라탔다.

"자, 그럼 최고 속도로 날아가겠습니다. 꽉 잡으세요!"

"우와아아앗!"

우리를 태운 라파엘이 시내를 가득 메운 몬스터들의 머리 위로 날았다. 그렇게 날아가기 시작한 지 얼마 되지 않았을 때 아름이가 말했다.

"어? 올림아. 저것 좀 봐. UFO 옆면이 붉게 빛나는데?"

아름이가 손가락으로 가리킨 곳에 우리 모두의 시선이 집중되었다. 알셈이 렌즈를 쭉 꺼내 살펴보더니 다급하게 외쳤다.

"아니, 저건? 조심해, 인간들! 라파엘! 초고온의 레이저가 모이고 있다!"

"뭐어?!"

바로 그때 '핑' 하는 소리와 함께 붉은색의 굵은 레이저가 그야말로 빛의 속도로 우릴 향해 날아왔다. 마치 손전등을 켠 것 같은 빠르기였다. 알셈의 경고를 듣자마자 라파엘은 등에 타고 있던 우리를 보호하기 위해 재빨리 몸을 틀었다. 하지만 날개의 일부분이 레이저에 닿고 말았다.

"크윽!"

"라파엘!"

"으윽, 여, 여러분. 조심하십……."

콰콰쾅!

"아아아악!"

라파엘은 곧장 지상으로 곤두박질치듯 추락했다. 그 바람에 등에 타고 있던 우리도 함께 떨어졌다. 하지만 라파엘이 끝까지 우리를 보호하며 추락해 크게 다치진 않았다.

"앗! 불! 불이 붙었다! 조금만 참아요, 라파엘!"

레이저에 닿은 라파엘의 날개 한쪽에 불이 붙었고, 피타고레 박사님이 윗옷을 벗어 라파엘의 날개에 붙은 불을 끄셨다. 불이 꺼진 뒤 라파엘의 날개를 살펴보니 부상 상태가 심각했다. 라파엘은 크게 신음하며 고통스러워했다. 아름이가 눈물을 글썽거리며 다친 라파엘의 날개를 어루만졌다.

"세상에, 어쩌면 좋아……."

"으윽, 저, 전 괜찮습니다. 당장 비행에는 무리가 있을 것 같아요. 여러분, 우선 다시 유령선으로 돌아가야 합니다. 여기 있다가는……."

"크하하하하! 라파엘! 이 루시퍼가 그 정도도 생각하지 못할 줄 알았는가?"

라파엘의 말이 끝나기도 전에 UFO 쪽에서 마왕 루시퍼의 목소리가 쩌렁쩌렁 울려 퍼졌다. 역시 루시퍼의 짓이었어!

"너와 인간 꼬맹이들은 꽤나 똑똑하더군. 나 역시 작전이라는 걸 쓰기로 했지. 네가 날아오기만을 기다리고 있었다. 자, 뭣들 하느냐! 이제 놈들은 독 안에 든 쥐다! 몽땅 쓸어버려!"

"크워어어어어!"

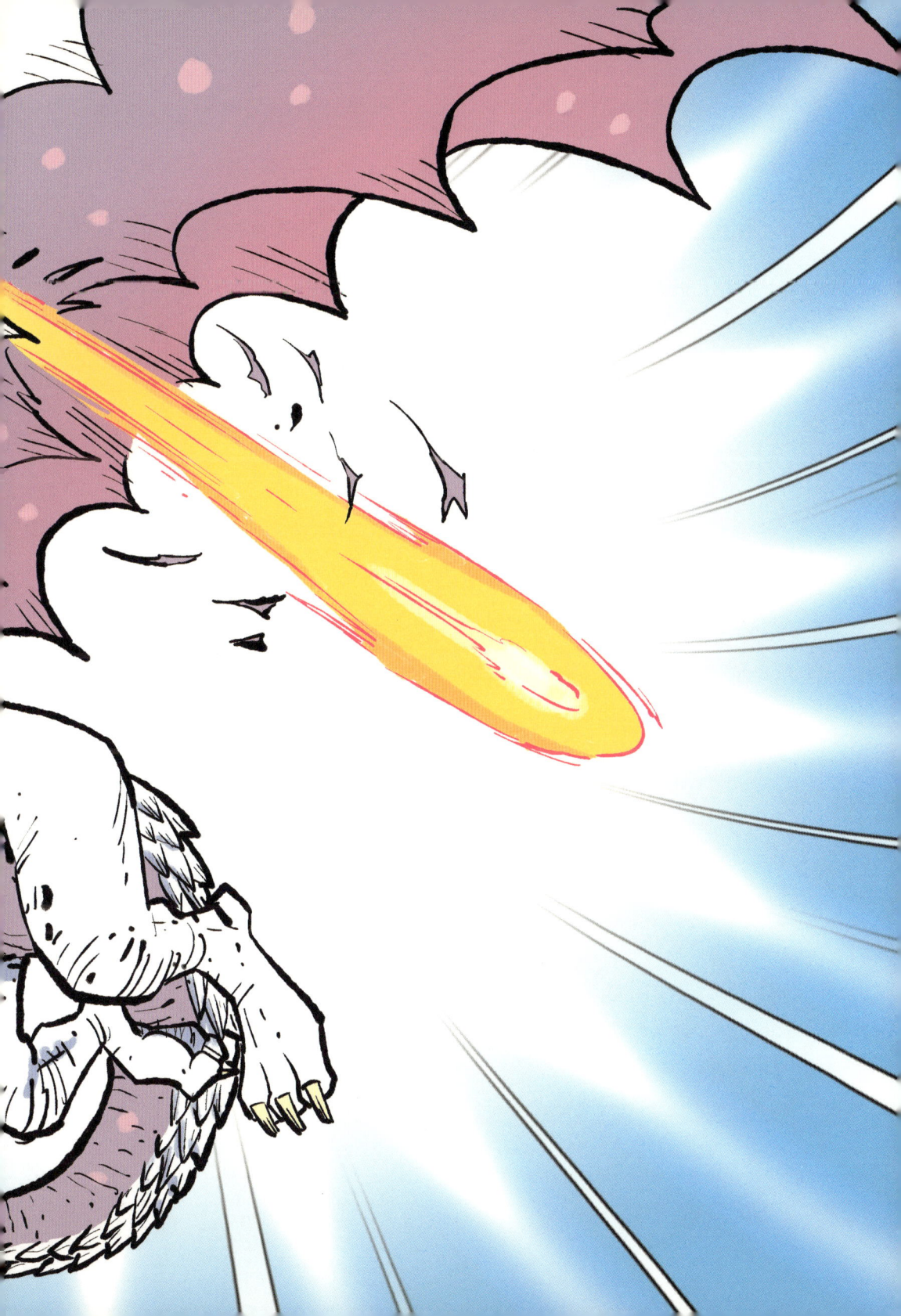

이런! 라파엘이 우려했던 일이 발생했다. 유령선에서 날아올라 UFO로 가는 도중 추락한 우리는 몬스터들이 우글우글한 한복판에 떨어져 버리고 만 것이다. 사방팔방에서 괴성을 지르며 몬스터들이 달려들었다. 우리는 쓰러진 라파엘을 중심으로 한데 뭉쳤다.

"히이익! 주, 죽기 싫어! 죽고 싶지 않아! 저리 가!"

"호들갑 떨지 마, 야무진! 아름아! 우선 보호막을 넓게 펼쳐 줘! 일원아, 너랑 내가 아이템으로 길을 열어야 해!"

"아, 알았어!"

원래 UFO 근처에 도착하면 실행하려던 계획을 여기서 이렇게 사용할 줄은 몰랐다. 아름이는 보호막을 넓게 펼쳤고, 달려드는 몬스터들은 나와 일원이가 마법 아이템으로 쓰러뜨렸다. 야무진과 알셈, 피타고레 박사님은 아직도 쓰러져 신음하고 있는 라파엘의 상처를 살폈다.

"이런! 라파엘과 인간들이 위험하다! 나는 신경 쓰지 말고 모두 저들을 구해라!"

미카엘의 외침이 들려왔다. 유령선의 몬스터들이 우리를 구하기 위해 길을 뚫으며 다가오는 게 저 멀리서 보였다. 뒤쪽의 유령선과 앞쪽의 UFO 사이에 오도가도 못한 신세가 된 우리는 계속해서 마법을 사용하며 접근하는 몬스터들을 막아 냈다. 다행히 한층 업그레이드된 마법 아이템 덕에 몬스터들을 처치하는 데는 큰 어려움이 없었다. 그렇지만 이건 싸우디기보다는 비디는 수준이었다. 한참을 싸우던 내가 알셈에게 물었다.

"아, 알셈! 남은 몬스터가 얼마나 돼? 얼마나 더 오는 거야?"

"으음, 어디 보자. 너희가 지금까지 200마리 정도 잡았는데, 아직도 우리 주위에 1000마리나 더 있어. 앗! 저기 UFO에서 또 200마리가 내려온다!"

"이런, 안 되겠어! 늘어나는 속도를 못 따라잡겠어!"

"아름아, 너 괜찮은 거야? 웬 땀을 이렇게……."

야무진의 말에 옆을 보니 아름이가 식은땀을 뻘뻘 흘리고 있었다. 중세 시대 전투에서 무리해 마법을 사용했을 때와 같은 모습이었다. 아름이는 그때 오랜 시간 마법을 사용해 심각한 두통에 시달렸다. 아름이는 오히려 뒤쪽의 일원이를 걱정했다.

"으, 으응! 난 아직 버틸 만해! 일원아! 넌 괜찮니?"

"그, 그게……. 실은 나, 너무 배가 고파서 배가 아플 정도야. 도저히 더 이상은……."

일원이는 배를 부여잡고 고통스러워했다. 일원이가 시도 때도 없이 배가 고프다고 하는 건 늘상 있는 일이지만 아픔까지 호소하다니……. 분명 이건 다른 이유 때문이다.

"이런! 계속해서 마법을 사용해서 그럴 거야. 아무래도 뭔가 방법을 찾아야 해!"

우리가 가진 마법 아이템들은 수학 세계의 천사들이 사용할 법한 강도의 마력을 지녔다. 그런데 인간인 우리가 사용하다 보니 무리하게 마법을 사용하면 저마다 독특한 마나 부족 현상을 겪게 되는 것이다. 아름이의 경우에는 두통, 일원이의 경우에는 배고픔이라는 부작용을 동반한다. 나는 내 마나량을 다 써 본 적이 없어서 아직 부작용을 모른다.

"미카엘! 아무래도 아까 시내 전투에서부터 계속 마법을 사용해서 마나가 부족한 것 같아요. 혹시 우리의 마나를 회복시켜 줄 수 있어요?"

나의 다급한 외침에 미카엘이 답했다.

"음! 알았다! 내 쪽에 있던 몬스터들도 다 그리로 가는 바람에 나도 여유가 있군. 퀘스트를 주마! 누가 먼저 받겠는가?"

"저, 저부터 주세요. 너무 배가 고파서……."

일원이가 배를 부여잡고 힘없이 말했다. 미카엘은 일원이에게 퀘스트를 주기 위해 시간을 멈췄다.

"휴우우우, 정말 쓰러질 것 같아."

아름이와 내가 시간이 멈춘 사이에 잠시 허리를 숙이며 숨을 고르고 있을 때 놀라운 일이 벌어졌다.

파지지직!

"크워어어어!"

"으, 으아아악?!"

UFO에서 마치 폭죽처럼 하늘을 향해 보라색 광선을 내뿜었고 그와 동시에 멈췄던 시간들이 다시 흐르기 시작했다. 멈춰 있던 몬스터들이 다시 괴성을 지르며 달려드는 바람에 깜짝 놀란 나와 아름이는 다시 마법을 사용해야 했다. 이럴 수가! 미카엘이 멈춘 시간을 다시 흐르게 하다니? 우리 못지 않게 미카엘도 크게 당황했다.

"아니?! 어떻게 이런?!"

"크하하하! 미카엘! 너만 마법을 사용할 줄 안다고 생각한 건 아니겠지? 애초에 난 매스 크리스털 없이도 너보다 훨씬 강한 마력을 갖고 있다!"

의기양양한 루시퍼의 외침이 서울 시내에 울려 퍼졌다. 일원이는 크게 낙담하며 주저앉았다.

"아, 안 돼……. 이제 다 틀린 건가…….."

"크윽, 루시퍼…… 이 녀석! 일원아! 정신 차려라! 시간은 멈춰 있지 않지만 퀘스트의 능력은 변함없다! 퀘스트를 클리어해!"

"아, 알았어요. 무, 문제를 주세요."

미카엘은 다 쓰러져 가는 일원이를 독려하며 퀘스트 문제를 냈다. 시간을 멈추는 능력은 무효화되었지만 다행히 퀘스트의 보상은 유지되는 것 같았다. 다만 일원이가 문제를 맞히는 그때까지 나와 아름이는 계속 마나를 소비해야 했다.

"좋아, 문제다! $\frac{18}{12}$을 약분해서 기약 분수로 나타내라!"

약분! 이 문제도 5학년 1학기 때 배운 내용이었다. 분수의 약분은 분자와 분모를 1이 아닌 공약수로 나누는 것이고, 기약 분수는 분자와 분모의 공약수가 1뿐인 분수를 말한다. 그러니 분자와 분모의 공약수를 구한 뒤 최대 공약수로 나누면 쉽다. 일원이가 잘 해낼 수 있을까?

"으음, 12와 18의 공약수는 1, 2, 3, 6이니까 분자와 분모를 6으로 나누면 12 ÷ 6 = 2이고 18 ÷ 6 = 3이에요. 그러므로 $\frac{18}{12} = \frac{18 \div 6}{12 \div 6} = \frac{3}{2}$이 됩니다. 기약 분수는 $\frac{3}{2}$이에요."

"정답이다!"

좋아! 그간 우리와 함께 피타고레 박사님께 수학 특훈을 받은 보람이 있었어. 일원이가 퀘스트를 클리어하자 일원이의 온몸이 잠시 파란 기운에 휩싸이는가 싶더니 이내 멀쩡한 얼굴로 벌떡 일어났다.

"앗? 이제 조금도 배가 고프지 않아! 좋아! 모두 덤벼!"

일원이는 다시 헤드셋을 착용하고 몬스터들을 향해 달려갔다.

난 아름이에게 그다음으로 퀘스트 문제를 풀라고 했다. 아까부터 식은땀을 흘리는 아름이가 금방이라도 쓰러질 것 같았기 때문이다. 아름이는 나를 걱정스럽게 바라보며 말했다.

"올림아, 괜찮겠어? 넌 아무렇지 않은 거야?"

"으응. 왠지 아까부터 귀에서 이상한 소리가 들리긴 하는데…… 아직은 괜찮은 것 같아. 네가 먼저 하도록 해."

그랬다. 사실 나는 조금 전부터 귀에서 '삐' 하는 소리가 작게 들린다는 걸 인지하고 있었다. 설마 이것이 나의 마나 부족 현상인가? 그래도 최소한 아름이처럼 통증은 없었기 때문에 나는 아름이에게 다음 퀘스트를 풀 기회를 양보했다.

"이번에는 통분 문제다! $\frac{4}{6}$와 $\frac{5}{8}$를 통분하여 어느 것이 더 큰 수인지 말해 봐라!"

"예엣? 분모가 달라서 조금 어려운데……."

아름이가 당황하며 섣불리 문제를 풀지 못했다. 나는 몬스터들을 향해 광선을 날리면서 아름이를 향해 소리쳤다.

"아름아! 어렵지 않아! 분수는 분자와 분모에 같은 수를 곱해도 크기가 달라지지 않아!"

피타고레 박사님께서도 아름이에게 다가가 힌트를 주셨다.

"아름아, 두 분수의 분모들의 최소 공배수를 생각해 보렴."

"아하! 6과 8의 최소 공배수는 24! $\frac{4}{6}$에서 분모가 24가 되려면 4를 곱해야 하니까, 분자에도 같은 수를 곱해 주면 $\frac{4}{6} = \frac{4 \times 4}{6 \times 4} = \frac{16}{24}$이 되는군요. $\frac{5}{8}$는 분모가 24가 되려면 3을 곱해야 하니까 $\frac{5}{8} = \frac{5 \times 3}{8 \times 3} = \frac{15}{24}$가 되요. 즉 $\frac{16}{24} > \frac{15}{24}$니까 $\frac{4}{6}$가 더 큰 수입니다!"

"정답이다! 너의 마나도 전부 회복될 것이다!"

다행히 두 사람 모두 퀘스트를 클리어했다. 일원이와 아름이가 퀘스트 문제를 푸는 동안 계속해서 마법을 사용한 내 귀에서는 '삐' 소리가 점점 더 크게 울렸다. 아름이가 막 퀘스트를 클리어했을 때 아름이에게 달려드는 몬스터 무리에 광선을 쏘았다. 그런데 그게 마지막 마나였을 줄이야.

"으아악!"

그 광선을 마지막으로 나는 비명을 지르며 귀를 틀어막았다. 내 귀에서 울리는 '삐' 소리가 날카롭다 못해 제대로 서 있기도 힘들 만큼 크게 들려왔기 때문이다. 그 소리가 머릿속을 울려 대서 주변의 다른 소리는 거의 들리지 않았다. 마치 전쟁 게임에서 섬광탄을 맞았을 때 들리는 소리 같았다.

"올림……!"

아름이가 걱정스럽게 외치는 소리가 들려왔지만 귀에서 울리는 소리 때문에 알아들을 수 없었던 나는 소리쳤다.

"아, 아무 소리도 안 들려! 귀, 귀에서 이상한 소리가 들려서……. 앗, 설마!"

이것이 내 마나 부족 부작용이구나! 미카엘이 큰 목소리로 나를 다급하게 부르는 것이 어렴풋이 들려왔다.

"반올…… 퀘스트……!"

'삐이이이이이'

소리는 점점 더 크게 귓가에 울려 퍼졌다.

"으으윽! 귀, 귀에서 이상한 소리가 들려요! 다른 소리는 아무것도 들리지 않아요! 아아악!"

나는 귀를 막고 바닥에서 구르며 괴로워했다.

"올림…… 조심……!"

일원이의 목소리인 것 같았다. 내가 엎드려 괴로워하던 와중에도 몬스터들은 계속 공격해 왔기 때문에 마나를 회복한 아름이와 일원이가 마법을 사용해

나를 지켜 주었다. 그때 내 뒤쪽으로 누군가의 목소리가 들렸다.

"위험…… 구해라!"

'삐' 소리 때문에 띄엄띄엄 들렸지만 분명 해골 대왕의 목소리였다. 눈을 떠 보니 해골 대왕을 선두로 한 유령선의 몬스터들이 길을 뚫고 우리가 있는 곳까지 온 게 보였다. 해골 대왕은 부상당한 라파엘과 나부터 안전한 곳으로 옮기라고 부하들에게 지시하는 듯했다. 내가 여전히 귀를 틀어막으며 간신히 자리에서 일어나려던 그때, UFO에서 수상한 검은빛이 뿜어져 나오는 것이 보였다.

'저, 저게 뭐지?'

친구들에게 알릴 틈도 없이 그 수상한 검은빛은 우릴 향해 빠르게 날아들었다. 맨 앞에 있던 아름이, 일원이, 피타고레 박사님 방향이다! 나는 다급히 소리쳤다.

"안 돼! 얘, 얘들아! 박사님! 피하세요!"

"꺄아악?"

"으악! 이게 뭐야?"

늦었다. UFO에서 뻗어 나온 검은빛은 순식간에 아름이와 일원이, 피타고레 박사님을 꽁꽁 묶어 버렸다. 세 사람을 붙잡은 검은빛은 다시 UFO 쪽으로 되돌아가고 있었다.

"크하하! 성공…… 반올림…… 잡은 것 같다. 지금은 불리……일단 여기서 퇴각……!"

"으으윽! 뭐, 뭐라고? 아, 안 돼!"

큰일이다. 잘 들리지는 않았지만 루시퍼는 선두에 있던 세 사람 중에 내가 있으리라 생각한 모양이다. 어떻게든 구해야 하는데…….

와구와구 수학 랜드 1

여러분, 본문 속에 녹아 있는
약수, 배수에 대해
더욱 자세히 알아볼까요?

1 약수에 대해 알아봅시다.

약수

약수는 어떤 자연수를 나누어떨어지게 하는 수를 말합니다. 6을 2로 나누면 나누어떨어지죠? 그러므로 2는 6의 약수입니다. 6을 나누어떨어지게 하는 수를 모두 구하면 1, 2, 3, 6입니다. 즉 6의 약수는 1, 2, 3, 6 네 가지이지요. 그렇다면 24의 약수는 모두 몇 가지일까요? 1, 2, 3, 4, 6, 8, 12, 24 이렇게 여덟 가지가 됩니다.

1부터 20까지의 자연수 중에서 약수가 두 가지이면서 짝수인 수는 무엇일까요? 어렵지 않아요. 4의 약수는 1, 2, 4이지요? 3은 1, 3으로 약수가 두 가지이지만 짝수가 아닌 홀수예요. 그러니 정답은 1, 2의 약수를 가진 2가 됩니다.

공약수

6의 약수 : 1, 2, 3, 6
8의 약수 : 1, 2, 4, 8

6의 약수이면서 동시에 8의 약수인 수는 1, 2이죠? 이것을 6과 8의 공약수라고 불러요. 즉 공약수는 두 개 이상의 수의 약수 중에서 공통인 수를 말해요. 그럼 이제 아래의 문제를 풀어 봅시다. 12와 18의 공약수를 모두 구해 보세요.

12의 약수를 모두 나열하면 1, 2, 3, 4, 6, 12
18의 약수를 모두 나열하면 1, 2, 3, 6, 9, 18

공통되는 약수 1, 2, 3, 6이 바로 두 수의 공약수예요. 그런데 두 수의 공약수 중에서 가장 큰 수는 6이지요? 이렇게 두 수의 공약수 중에서 가장 큰 수를 최대 공약수라고 한답니다. 최대 공약수에 대해서는 잠시 후에 더 공부하기로 합시다.

2 배수에 대해 알아봅시다.

배수

2의 1배는 2×1 = 2, 2의 2배는 2×2 = 4, 2의 3배는 2×3 = 6입니다. 이렇게 2의 몇 배(1배, 2배, 3배, ……) 한 수를 2의 배수라고 부르지요. 20 이하의 자연수 중에서 3의 배수는 3, 6, 9, 12, 15, 18이고, 5의 배수는 5, 10, 15, 20이지요? 그렇다면 1부터 100까지의 자연수 중에서 12의 배수를 구해 보면? 12, 24, 36, 48, 60, 72, 84, 96입니다.

이번엔 응용문제를 풀어 봅시다. 네 자리 수 398□가 5의 배수가 되는 경우는 모두 몇 가지일까요? 자릿수가 커서 어려워 보이지만 쉬운 문제예요. 5의 배수는 일의 자리가 항상 0이나 5가 될 수밖에 없으니 5의 배수인 398□는 3980과 3985밖에 없답니다. 그러므로 0 또는 5의 두 가지 경우가 있지요.

공배수

2의 배수는 2, 4, 6, 8, 10, 12, ……이고 3의 배수는 3, 6, 9, 12, 15, ……예요. 2의 배수이면서 동시에 3의 배수인 수는 6, 12, ……예요. 이것을 2와 3의 공배수라고 부르지요. 즉 공배수란 두 개 이상의 수에서 공통인 배수예요. 3과 5의 공배수를 구해 볼까요?

3의 배수는 3, 6, 9, 12, 15, 18, 21, 24, 27, 30, 33, 36, 39, 42, 45……
5의 배수는 5, 10, 15, 20, 25, 30, 35, 40, 45……

3과 5의 배수는 끝없이 이어지게 됩니다. 이 중 공통인 수 15, 30, 45……가 바로 3과 5의 공배수가 됩니다. 문제를 풀어 볼까요?

50 이하의 자연수 중에서 6의 배수이면서 동시에 9의 배수인 수를 모두 써 보세요. 이 문제는 6과 9의 공배수를 구하는 문제이지요? 그중 50 이하의 자연수만 쓰면 됩니다. 50 이하의 자연수 중 6의 배수는 6, 12, 18, 24, 30, 36, 42, 48이고, 50 이하의 자연수 중 9의 배수는 9, 18, 27, 36, 45입니다. 이 중 18과 36이 공통되는군요. 그러니 6의 배수이면서 동시에 9의 배수인 수는 6과 9의 공배수인 18이고, 50 이하의 자연수 중에서 18의 배수는 18과 36이군요. 이 두 수 중 가장 작은 수는 18이지요? 이렇게 두 수의 공배수 중에서 가장 작은 수를 최소 공배수라고 합니다.

3 최대 공약수, 최소 공배수를 구해 봅시다.

최대 공약수

최대 공약수는 공약수 중에서 가장 큰 수를 말합니다. 최대 공약수는 어떻게 구할까요? 36과 90의 최대 공약수를 구해 볼까요? 먼저 아래와 같이 써 보세요.

$$)\overline{3690}$$

그다음 36과 90을 나누어떨어지게 하는 수로 가장 작은 수는 2이죠? 그러면 2로 두 수를 나눈 몫을 그 수 아래에 씁니다.

$$2)\overline{3690}\\1845$$

18과 45를 나누어떨어지게 하는 가장 작은 수는 3이에요. 18과 45를 3으로 나눈 수를 두 수 아래에 씁니다.

$$
\begin{array}{r|rr}
2 & 36 & 90 \\ \hline
3 & 18 & 45 \\ \hline
 & 6 & 15
\end{array}
$$

6과 15를 3으로 다시 나누고 그 몫을 아래에 씁니다.

$$
\begin{array}{r|rr}
2 & 36 & 90 \\ \hline
3 & 18 & 45 \\ \hline
3 & 6 & 15 \\ \hline
 & 2 & 5
\end{array}
$$

2와 5는 공약수가 1뿐이지요? 이때 왼쪽에 있는 수를 모두 곱한 수가 최대공약수입니다. 즉 두 수의 최대 공약수는 $2 \times 3 \times 3 = 18$이지요.

최소 공배수

최소 공배수는 공배수 중에서 가장 작은 수를 말합니다. 24와 60의 최소 공배수를 구하는 방법을 보죠. 먼저 아래와 같이 써 보세요.

$$\begin{array}{r|rr} & 24 & 60 \end{array}$$

그다음 두 수를 2로 나눈 값을 두 수 아래에 쓰고 두 수의 공약수가 1뿐일 때까지 최대 공약수를 구하는 방법으로 풀어 보세요.

$$\begin{array}{r|rr} 2 & 24 & 60 \\ 2 & 12 & 30 \\ 3 & 6 & 15 \\ & 2 & 5 \end{array}$$

2와 5는 공약수가 1뿐이지요? 이때 최소 공배수는 왼쪽에 있는 수와 아래에 남은 두 수를 모두 곱한 수가 됩니다. 즉 24와 60의 최소 공배수는 $2 \times 2 \times 3 \times 2 \times 5 = 120$이지요.

4 약분과 통분을 해봅시다.

약분

분수 $\frac{12}{18}$를 봅시다. 12와 18의 공약수는 1, 2, 3, 6이지요? 여기서 1을 제외한 공약수는 2, 3, 6이에요. 분자와 분모를 같은 수로 곱하거나 나누어도 분수는 달라지지 않습니다. 분자와 분모를 1이 아닌 공약수로 나누는 것을 분수의 약분이라고 부릅니다. $\frac{12}{18}$를 2, 3, 6으로 약분한 결과는 다음과 같아요.

$$\frac{12}{18} = \frac{12 \div 2}{18 \div 2} = \frac{6}{9}$$

$$\frac{12}{18} = \frac{12 \div 3}{18 \div 3} = \frac{4}{6}$$

$$\frac{12}{18} = \frac{12 \div 6}{18 \div 6} = \frac{2}{3}$$

$\frac{30}{32}$을 약분하여 기약 분수로 나타내면 얼마일까요? 기약 분수란 더 이상 약분할 수 없는 분수를 말해요. 분수의 분모와 분자를 최대 공약수로 약분하면 기약 분수가 됩니다. 30과 32의 최대 공약수는 2이므로 2로 약분한 $\frac{15}{16}$가 답이에요.

통분

두 분수 $\frac{1}{4}$과 $\frac{3}{10}$을 봅시다. 분모가 다르지요? 분자와 분모에 같은 수를 곱해도 분수는 달라지지 않으니까 4와 10의 최소 공배수가 두 분수의 분모가 되도록 분자와 분모에 적당한 수를 곱해 봅시다. 4와 10의 최소 공배수는 20이지요? $\frac{1}{4}$에서는 분모가 20이 되려면 분모에 5를 곱해야 하므로 분자와 분모에 똑같이 5를 곱합니다.

$$\frac{1}{4} = \frac{1 \times 5}{4 \times 5} = \frac{5}{20}$$

마찬가지로 $\frac{3}{10}$에서 분모가 20이 되려면 분모에 2를 곱해야 하므로 분자와 분모에 똑같이 2를 곱합니다.

$$\frac{3}{10} = \frac{3 \times 2}{10 \times 2} = \frac{6}{20}$$

이제 두 분수의 분모가 같아졌죠? 이렇게 두 분수의 분모를 같게 만드는 것을 통분이라고 하고, 이때 같아진 분모를 공통분모라고 부릅니다.

$\frac{3}{5}$과 $\frac{4}{7}$ 중 어느 것이 더 큰 수일까요? 분모가 달라서 한눈에 어느 것이 더 큰 수인지 알기 어렵지요? 이럴 때 통분을 이용하면 두 수의 크기 비교가 편리합니다. 두 분수의 분모는 5와 7이군요. 5와 7의 최소 공배수인 35로 통분해 봅시다. $\frac{3}{5} = \frac{21}{35}$이고 $\frac{4}{7} = \frac{20}{35}$이므로 $\frac{3}{5}$이 $\frac{4}{7}$보다 크다는 것을 알 수 있습니다.

수학 추리 극장 1

"박사님! 손님 모시고 왔어요!"

일원이가 피타고레 박사의 수학 탐정 사무소 문을 박차고 들어오며 외쳤다.

"어휴, 이번엔 또 누굴 데려온 거냐? 오늘은 만사가 귀찮은데……. 급한 일이 아니면 다음에 오시라고 해라."

피타고레 박사가 소파에 드러누워 달갑지 않은 기색으로 말했다.

"아이참, 아주 급한 일이라고 하셨어요! 자, 어서 들어오세요."

"안녕하세요. 피타고레 박사님."

일원이의 안내에 뒤따라 들어온 사람을 본 피타고레 박사는 두 눈이 휘둥그레져서 소파에서 벌떡 일어났다. 의뢰인이 동네에서 예쁘기로 소문난 제과점의 파티쉐, 마리 씨였기 때문이다. 노총각인 피타고레 박사는 평소에 빵을 좋아하지도 않으면서 흠모하는 마리 씨를 보기 위해 일부러 제과점을 찾아 눈도장을 찍곤 했다.

"아, 아, 아니? 마, 마리 씨가 어찌 이 누추한 곳에……. 이, 일단 앉으시지요! 이, 일원아! 차 좀 내오너라! 어, 어험! 어험험!"

피타고레 박사는 얼굴이 빨개져서 급히 거울을 보며 옷매무새를 고쳤다. 잠시 후 일원이가 차를 내오고, 피타고레 박사와 탁자에 마주 앉은 마리 씨가 이야기를 꺼냈다.

"제가 의뢰드릴 일은…… 부끄럽습니다만 제가 수학은 조금 약해서……. 아, 그런데 우선 수고비는 얼마 정도 받으시는지요?"

"수고비라뇨? 아닙니다! 우리 사이에 무슨! 아, 아니 그, 우리 사이라는 말을 오해하진 마시고요. 그러니까…… 아, 아무튼! 저는 마리 씨가 만드는 맛있는 빵을 사랑하는 제과점의 단골로서 무료로 의뢰를 맡아 드리겠습니다!"
 "어머! 진짜이세요? 세상에, 정말 감사합니다. 좋은 분이시군요."
 피타고레 박사는 얼굴이 빨개져서 몸 둘 바를 몰랐다.
 "실은 제가 이번에 계획하고 있는 새로운 아이디어가 있는데요, 빵에 들어가는 치즈를 정육면체 모양으로 만드는 거예요. 여섯 개의 면에 1부터 6까지 초콜릿으로 점을 살짝 찍으면 더 귀엽겠죠? 주사위처럼 말이에요. 그 조그만 주사위 치즈를 손님들에게 빵과 함께 제공하면 정말 좋을 것 같아서요."
 "이야, 정말 얼굴만큼이나 예쁜 생각이시군요. 그런데 문제가 있나요?"
 "네. 이걸 좀 보시겠어요?"
 마리 씨는 가방에서 크기나 모양이 꼭 벽돌 같은 치즈 한 덩이를 꺼냈다.
 "바로 그 계획 때문에 치즈 공장에서 특별히 주문한 건데, 이렇게 크기도 너무 크고 모양도 직육면체이지 뭐예요. 가로 120밀리미터, 세로 80밀리미터, 높이 60밀리미터라고 해요. 이 치즈는 이게 가장 작은 사이즈라고 하니 제가 직접 잘라서 정육면체로 만들어야 하는데……. 사실 이게 꽤 비싼 고급 치즈거든요.

치즈를 하나도 남기지 않고 정육면체로 만들 수 있을까요?"

"음, 그렇다고 아주 잘게 자를 수도 없는 노릇이니 그나마 가장 커다란 정육면체의 치즈 주사위를 만들고, 치즈는 하나도 남기지 않게 하고 싶다고요?"

"네! 바로 그거예요. 그 정육면체의 한 변의 길이가 얼마인지만 제게 알려 주시면 제가 정확히 자를 수 있거든요. 가능할까요, 박사님?"

"음핫핫! 물론입니다! 전 벌써 그사이 암산하고 있었지요! 가로 120밀리미터, 세로 80밀리미터, 높이 60밀리미터의 직육면체를 하나도 남기지 않고 가장 큰 정육면체로 만들려면, 정육면체 한 변의 길이를 20밀리미터로 하시면 됩니다."

"저, 정말인가요?"

마리 씨는 속는 셈치고 가져온 도구들로 치즈를 자르기 시작했다. 잠시 후 커다란 직육면체의 치즈는 정말로 20밀리미터인 정육면체 치즈 72개가 되었다. 게다가 정확하게 딱 맞아 치즈는 부스러기도 남지 않았다. 마리 씨는 손뼉을 치며 크게 기뻐했다.

"와아! 정말 대단하세요, 박사님! 꺄아~!"

"음핫핫핫! 아니 뭐, 이 정도 가지고……. 음핫핫핫! 아! 그런데 마리 씨, 혹시 다음 주 주말에……."

의뢰를 멋지게 해결하고 수고비 대신 데이트 신청을 하려던 피타고레 박사에게 마리 씨는 청천벽력 같은 소식을 들려주었다.

"아! 박사님도 소식 들으셨군요? 맞아요! 다음 주 주말에 제 결혼식이 있어요. 그때 오신 하객들께 이 치즈 주사위를 선물로 드리고 싶었거든요. 덕분에 해결됐어요. 감사합니다, 박사님! 박사님도 꼭 오셔야 해요? 아, 이거 한 조각 드릴

게요! 그럼 전 결혼 준비 때문에 바빠서 이만. 정말 감사합니다!"

이렇게 마리 씨는 주사위 치즈 한 조각만 덩그러니 남기고 사무실을 나섰다. 피타고레 박사는 한참을 멍하니 허공만 쳐다보다 이내 훌쩍거렸다.

"크흑! 너무해, 마리 씨! 내 마음도 몰라주고……."

"우와! 이 치즈 비싼 거라더니 진짜 맛있는데요? 냠냠……."

실의에 빠진 박사 옆에 있던 일원이가 마리 씨의 마지막 선물인 치즈 조각을 홀랑 입에다 털어 넣었다. 그런데 피타고레 박사는 어떻게 직육면체 치즈의 길이만으로 주사위 치즈의 한 변의 길이를 계산할 수 있었을까?

해결

직육면체의 세 변의 길이의 최대 공약수를 정육면체(치즈 주사위)의 한 변의 길이로 하면 된다. 60, 120, 80의 최대 공약수는 20이므로 치즈 주사위의 한 변의 길이는 20밀리미터이다. 가로 120밀리미터, 세로 80밀리미터, 높이 60밀리미터인 직육면체를 한 변의 길이가 20밀리미터인 정육면체로 자르면 72개가 나온다.

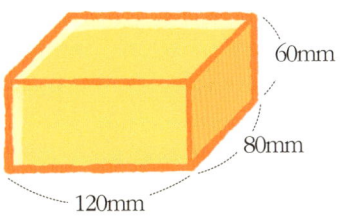 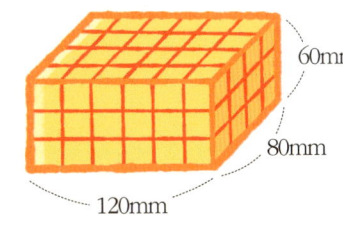 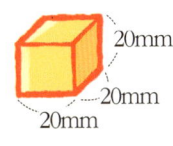

수학왕 반올림과 함께 배워요!

- 분수의 덧셈과 뺄셈
- 분수의 곱셈과 나눗셈

정완상 선생님의 **수학 교실**

"반올림 군, 정신이 들어요?"

나는 숫자벨 여사의 목소리에 조금씩 정신을 차렸다. 앗? 내가 언제 잠이 들었지? 벌떡 일어난 내가 주위를 두리번거리자 옆에 있던 알셈이 다가와 말했다.

"괜찮아, 꼴뚜기. 미카엘의 유령선 안이야."

"내, 내가 얼마나 잠들어 있었던 거야?"

"30분 정도. 잠들었다기보다는…… 그 자리에 쓰러지듯 기절했달까?"

"그럼 친구들은 어떻게 됐어? 일원이, 아름이, 박사님 말이야."

내가 그렇게 묻자 모두 내 눈빛을 피하며 누구 하나 말을 꺼내지 못했다. 이런! 정말로 납치당했단 말이야? 유령선의 천장에서 미카엘의 목소리가 들려왔다.

"루시퍼 생각에, 선두에 있던 자가 반올림 너인 줄 알고 잡아간 모양이다. 우리 쪽의 반격도 만만치 않았으니 일단은 납치한 세 사람을 데리고 후퇴한 것 같아. 아마 서울 어딘가에 UFO를 착륙시키고 부대를 재정비하고 있을 거다."

"그럴 수가! 그럼 지금 당장 친구들을 구하러 가요!"

"잠깐만요, 반올림 군."

"라파엘? 다친 데는 괜찮아요?"

자리에서 벌떡 일어난 나를 막아선 건 새끼 드래곤의 모습으로 돌아온 라파엘이었다. 라파엘은 한쪽 날개에 붕대를 감고 있었다.

"네. 저는 회복 속도가 빨라서 조금만 쉬면 금방 다시 날 수 있을 겁니다. 하지만 반올림 군은 자신이 가진 마나 한계치를 넘어 부작용이 나타나는데도 무리해서 마법을 사용하는 바람에 탈진한 겁니다. 다행히 몸에 큰 이상은 없지만 아마 정상적으로 마나가 회복되려면 하루는 지나야 할 거예요."

"그, 그렇다면……."

내가 근심 어린 얼굴로 해골 목걸이를 만지작거리자 미카엘이 말했다.

"그래. 넌 오늘 하루만큼은 그 아이템으로 어떤 마법도 사용할 수 없다."

치지지지직—

"아! 아아! 하나둘, 하나둘! 미카엘! 라파엘! 그리고 반올림! 보고 있느냐?"

"아니? 루시퍼?!"

루시퍼의 목소리가 서울 시내에 울려 퍼졌다. 놀란 우리는 모두 유령선 바깥으로 나왔다. 주위에 있는 TV와 빌딩의 대형 전광판까지 전파가 흐르는 모든 스크린에 루시퍼의 모습이 나타났다. 화면에 비친 루시퍼 뒤로 수상한 구체 안에 갇혀 있는 일원이, 아름이, 피타고레 박사님이 보였다.

"루시퍼! 친구들에게 무슨 짓을······!"

루시퍼는 구체 안에 갇힌 친구들과 박사님을 보며 말했다.

"쳇, 엉뚱한 녀석들이 잡혔군. 어쨌든 잘 보거라, 반올림! 이 녀석들은 보다시피 내가 만든 특수한 구체 감옥 안에 갇혀 있다. 자, 이제 마지막 도형으로 이렇게 문을 닫으면?"

루시퍼는 손에서 마력을 뿜어내 삼각형을 하나 만들어 냈고, 그것을 세 사람이 갇혀 있는 구체의 비어 있는 곳에 끼워 넣었다. 그 구체는 삼각형, 사각형 등 여러 가지 도형으로 둘러싸인 구조였는데, 루시퍼가 방금 마지막 도형을 넣음으로써 그 안은 완전히 진공 상태가 되어 버렸다.

"크하하핫! 이를 어쩌면 좋지? 완전히 막혀 버렸구나. 이런, 이런. 이대로라면 공기가 모자라 얼마 못 가서 모두 질식하고 말 텐데

이를 어쩌나?"

"루시퍼어어어!"

나는 주먹을 불끈 쥐고 분노했다. 스크린 속 루시퍼는 사악하게 웃으며 말을 이었다.

"너에게 기회를 주마. 이 구체 감옥 안의 공기는 2시간이면 모두 사라진다. 2시간 안에 내가 있는 이곳 여의도 한강공원까지 오거라. 과연 네가 나의 막강한 부하들을 물리치고 이곳까지 와서 네 친구들을 구해 낼 수 있을까? 크하하하하!"

루시퍼의 사악한 웃음소리를 끝으로 화면이 꺼졌다.

"가만두지 않겠어! 내 지금 당장……!"

"멈춰라, 반올림! 나와 라파엘의 말을 잊었느냐? 너는 지금 아무 힘도 쓸 수 없다!"

내가 이성을 잃고 유령선에서 뛰쳐나가려 하자 미카엘이 불러 세웠다.

"그럼 어쩌란 말이에요!"

"저도 분한 건 마찬가지입니다. 반올림 군, 이곳 용산에서 여의도 한강공원까지는 루시퍼의 전군이 집결해 있어요. 아무런 장비도 없이 무작정 가는 건 무모합니다."

라파엘까지 나서서 나를 만류했다. 그럼 대체 어떻게 해야 한단 말이야?

"기다려라. 내게 생각이 있다."

미카엘이 의미심장하게 말했고 잠시 후 유령선 전체가 '웅웅' 소리를 내며 진동하더니 이내 나와 야무진, 알셈이 서 있던 갑판 앞에 푸른빛이 일렁거렸다. 아지랑이처럼 피어오르던 푸른빛이 사라지자 나와 친구들이 서 있던 유령선의 갑판에 이상한 모양의 총이 세 자루 나타났다.

"자, 반올림, 야무진, 알셈. 이걸 받거라."

"오잉? 갑자기 웬 총?"

"으음, 평범한 총 같지는 않은데……."

야무진은 벌써 총 한 자루를 집어 들어 만지작거렸고, 알셈도 다가와 살폈다.

"내가 가진 매스 크리스털의 힘에 기초해 만든 마법총이다. 마나도 필요 없고, 일반인도 사용할 수 있다. 이 총에 마법탄을 넣고 적을 한두 마리 쓰러트리면, 총이 자동으로 적의 정보를 수집해 약점을 간파하고 공략 방법을 말해 준다. 총의 말을 잘 듣고 적을 상대하면 그 위력은 웬만한 마법 아이템 못지않을 것이다. 단, 함께 주는 이 마법탄 1000발을 모두 사용하면 총은 저절로 사라지니 신중히 사용하도록 해라."

나는 얼떨떨한 기분으로 바닥에서 알약 모양의 마법탄이 든 주머니를 집어 들며 말했다.

"그럼, 우리가 이 말하는 마법총으로 루시퍼를?"

"그래. 지금도 이 유령선은 적들에게 공격을 받고 있다. 라파엘까지 부상당한 상황에서 나와 배 안의 몬스터들은 유령선을 방어하기에도 벅차다. 게다가 그 마법총에 내 모든 힘을 담았기 때문에 총이 사라지기 전까지 난 나무로 된 고물 배에 불과하다. 그러니 너희 셋은 이 아이템을 가지고 루시퍼의 UFO로 가서 친구들을 구출하도록 해라. 인간들의 말을 빌리자면, 너희 셋이 일종의 특수 부대가 되는 것이지."

나는 총 한 자루를 집어 들며 침을 꿀꺽 삼켰다. 우리가 특수 부대가 된다고? 나는 야무진과 알셈을 돌아봤다.

"좋아! 나도 갈게 반올림! 나는 아름이가 납치될 때 아무것도 못 하고 그저 숨어 있기 바빴어. 나도 내 힘으로 친구들을 구하고 싶어! 나는 게임에서 자주 썼던 이 저격총으로 할게!"

야무진은 기다란 저격총을 집어 들고는 투지를 불태웠다. 야무진에게 이런 모습이 있었다니. 나처럼 친구들이 납치될 때 아무것도 하지 못한 것이 미안했던 모양이다.

"흐음. 뭐, 이건 꽤 재미있겠는데? 그럼 난 이 기관총으로 하지. 이렇게 몸에 장착하면…… 얍!"

알셈은 거대한 기관총을 집어 들어 자신의 양팔과 이어 붙여 배 쪽에 장착했다. 마치 전투 로봇 같은 모습이 되었다. 둘이 이렇게 투지를 불태우니 나도 질 수 없지! 나는 남은 돌격 소총을 집어 들었다. 1000발의 마법 탄을 적당히 나누고 있을 때 숫자벨 여사가 다가와 말했다.

"여러분, 친구들을 구하고 무사히 돌아와야 해요. 이건 제가 드리는 작은 응원이라고 생각해 주세요."

숫자벨 여사는 우리 셋을 향해 주문을 외웠다. 그러자 나와 야무진은 영화에서나 봤던 특수 부대원 같은 복장이 되었고 알셈도 SF 영화에 나오는 전투 로봇처럼 색이 바뀌었다.

"우와앗?"

"와! 정말 실감나는데?"

우린 바뀐 모습이 흡족해서 서로를 쳐다보며 잠깐 품평회를 가졌다. 그때 미카엘이 말했다.

"그럴 시간이 없다. 유령선 앞쪽은 루시퍼의 부하 몬스터들이 공격 중이니, 유령선 뒤쪽으로 빠져나가도록 해라. 이곳은 내가 맡겠다."

미카엘은 조심하라는 당부와 함께 유령선의 뒷문을 열어 주었다. 뒷문으로 향하는 동안 라파엘은 마법탄을 장전하는 방법과 총을 쏘는 방법을 설명해 주었다. 그렇게 새로운 아이템들로 무장한 나와 야무진, 알셈으로 구성된 '미카엘 특수 부대'가 출발했다.

"좋았어! 꼭 친구들을 구해 올게요!"

유령선을 나선 우리는 먼저 야무진의 스마트폰 지도 앱으로 지름길을 찾았다. 스마트폰에 능숙한 야무진은 빠른 속도로 지름길을 검색하며 말했다.

"지금 우리가 있는 곳에서 여의도 한강공원까지는 5킬로미터 정도 떨어져 있어. 라파엘도 날 수 없고 박사님의 차도 없으니……. 걸어서 1시간 15분 정도 걸릴 것 같아."

그래도 다행히 걸어서 가기에 아주 먼 거리는 아니었다.

"루시퍼는 그 구체 감옥의 공기가 2시간이면 사라질 거라고 했어. 가는 길에 몬스터들까지 처치하고 가는 걸 감안하면 조금이라도 서둘러야 해. 출발하자!"

수학의 신 매스의 마법으로 사람들이 모두 사라진 서울 시내는 대낮인데도 왠지 으스스했다. 마치 미카엘이 퀘스트 문제를 내며

시간이 멈췄을 때 같았다. 차들도 모두 멈춰 있는 상태라 우리는 최단거리 이동을 위해 차도를 달렸다. 차도를 달리고 얼마 되지 않아 우리 앞에 오크 십여 마리가 보였다.

"앗! 오크다! 발사! 발사!"

팡! 파파팡! 두두두두두!

"으악!"

마법탄에 맞은 오크들은 비명을 지르며 나가떨어졌다.

"우와! 이 총 굉장하잖아?"

마법총은 내 해골 목걸이의 광선과 비슷한 힘을 갖고 있었다. 야무진의 저격총은 연사 속도가 조금 느리긴 했지만 아주 멀리 있는 오크도 한 번에 서너 마리씩 쓰러뜨릴 정도로 파괴력이 굉장했고, 알셈의 기관총은 파괴력은 조금 약했지만 연사 속도가 굉장히 빨라 적들이 다가오지 못했다. 내 돌격 소총은 그 두 총의 중간 정도 되는 위력을 갖고 있었다.

"크워어어어! 인간이다! 공격!"

그때 멀리서 낯익은 몬스터 한 녀석이 눈에 들어왔다. 중세 시대에서 만났던 오크 군단장이었다. 그 녀석의 명령에 갑자기 뒤에서 수많은 오크 떼가 우릴 향해 달려들었다.

"으아악! 바, 발사! 발사!"

우리 셋은 정신없이 오크들을 향해 마법총을 발사했다. 그런데 우리가 오크들을 잡는 속도보다 오크들이 늘어나는 속도가 빨랐다. 야무진이 마법 저격총으로 먼 곳을 조준하며 말했다.

"이건 뭐 좀비 게임도 아니고, 뭐가 이렇게 많은 거야?! 에잇, 대장 녀석을 조준하려고 해도 저 멀리 오크들 틈에 숨어 있는 바람에……."

알셈도 다급하게 내게 말했다.

"이봐, 꼴뚜기! 이대로라면 조금 전에 싸울 때랑 똑같잖아. 뭔가 방법을 찾아야 돼!"

"나도 알아! 지금 생각 중이라고! 으악? 뒤, 뒤에서도 오잖아?"

말이 씨가 된다더니! 정말 조금 전과 똑같이 앞뒤로 포위되었다. 이를 어쩌면 좋지? 우리 셋이 등을 맞대고 앞뒤의 오크들에게 총을 난사하던 그때, 마법총 세 자루에게서 동시에 말소리가 들렸다.

"삐빅! 적 분석 완료. 이름 오크. 레벨 10. 개체 수 1000마리. 특징 1 이동 속도 빠름. 특징2 인해 전술. 공략 방법 총을 오크에게 겨누면 분수가 나타남. 나타난 분수를 덧셈과 뺄셈을 이용해 계산. 정답을 말하며 마법탄을 발사하면, 그 수만큼 처치 가능."

우리는 깜짝 놀라며 총을 들여다봤다. 야무진이 말했다.

"우왓? 정말로 총이 말을 하네? 아, 아니 근데 오크가 1000마리나 있단 말이야?!"

"잠깐, 그보다 지금 들었어? 분명 오크를 겨누면 분수가 나타난다고 했지?"

"오오! 인간들! 저길 좀 봐!"

알셈이 자신의 기관총으로 멀리 있는 오크 한 무리를 조준했는데, 그 오크들의 머리 위에 $\frac{1}{5}$이라는 수가 나타났다. 그걸 본 야무진도 다른 곳에 있는 오크 무리를 조준했고, 역시나 오크들의 머리 위엔 $\frac{2}{8}$이라는 분수가 나타났다. 그러자 우리 셋의 총에서 다시 말소리가 들려왔다.

"삐빅! 발사 준비. $\frac{1}{5} + \frac{2}{8}$의 정답을 말하며 마법탄 발사."

이거였군! 그때 야무진이 오크 무리를 조준한 상태로 말했다.

"좋아! 그럼 이제 정답을……! 그, 그런데 반올림. 이 두 분수, 분모가 다른데? 어떻게 해야 하지?"

"으이구, 아까 아름이가 통분했던 것 기억해? 분모가 다른 두 분수의 덧셈과 뺄셈은 먼저 분모의 최소 공배수를 찾으면 돼. 그리고 최소 공배수가 되도록 각 분수의 분모와 분자에 같은 수를 곱하면 되지. 그럼 분모가 같게 되니까 그다음부터는 분자끼리 덧셈 뺄셈만 하면 되잖아."

"아하! 그, 그럼 5와 8의 최소 공배수는 40이니까 우선 $\frac{1}{5} = \frac{1 \times 8}{5 \times 8} = \frac{8}{40}$이 되고…… 으앗!"

야무진이 거기까지 계산하다가 달려드는 녀석을 향해 총을 발사하자, 알셈이 이어 말했다.

"음! 그리고 $\frac{2}{8} = \frac{2 \times 5}{8 \times 5} = \frac{10}{40}$이야. 으악, 이쪽도 온다! 반올림! 그 다음을 부탁해!"

알셈 역시 뒤쪽에 달려드는 녀석들을 향해 기관총을 쏘느라 나에게 바통을 넘겼다.

"좋아! 다음은 간단하지, $\frac{8}{40} + \frac{10}{40} = \frac{18}{40}$이야. 기약 분수로 나타내면 $\frac{9}{20}$!"

내가 정답을 말하자 내 총이 갑자기 눈부시게 번쩍거렸다. 그리고 총이 말했다.

"삐빅! 장전 완료."

"좋아! 받아랏!"

파앙! 파파팡! 파파파파파팡!

"우, 우와아앗?!"

실로 놀라운 광경이었다. 내 총에서 발사된 마법탄이 오크 무리 중 한 녀석에게 명중한 다음 튕겨져 옆에 있는 다른 오크에게 날아갔다. 그 오크에 맞은 마법탄은 다음 오크, 그다음 오크에게로 연속해서 마구 튕겼다. 그렇게 마법탄 단 한 발에 수백 마리의 오크가 우르르 쓰러졌다. 일원이의 아이템인 헤드셋 마법과 공격법이 비슷했다.

"삐빅! 1000마리 오크 중 $\frac{9}{20}$인 450마리 처치. 남은 오크 550마리."

"와우! 판타스틱!"

마법총의 보고를 들은 나와 야무진은 손바닥을 짝 마주치며 환호했다.

"우와! 이거 정말 대박인데?! 반올림 너, 총알 한 발에 450마리나 처치했어!"

"좋았어! 이게 이 총의 진짜 힘이었어! 계속해서 조준하자!"

과연 미카엘의 힘을 담았다더니 무기의 위력이 강력하다. 신이 난 나와 야무진은 그다음으로 달려드는 두 무리의 오크를 각각 조준하고는 이내 나타난 분수를 외쳤다.

"이쪽은 $\frac{4}{5}$야!"

"여기는 $\frac{1}{2}$!"

"삐빅! 발사 준비. $\frac{4}{5} - \frac{1}{2}$의 정답을 말하며 마법탄 발사."

이번엔 총이 분수의 뺄셈 문제를 냈다. 마찬가지로 분모를 통분한 다음 계산하면 어렵지 않다. 내가 암산하기도 전에 알셈이 재빨리 외쳤다.

"5와 2의 최소 공배수는 10! $\frac{4}{5} = \frac{4 \times 2}{5 \times 2} = \frac{8}{10}$이고 $\frac{1}{2} = \frac{1 \times 5}{2 \times 5} = \frac{5}{10}$야. 그러니까 $\frac{4}{5} - \frac{1}{2} = \frac{8}{10} - \frac{5}{10}$이지. 정답은 $\frac{3}{10}$!"

그러자 이번엔 알셈의 배 쪽에 장착된 기관총이 눈부시게 번쩍거렸다.

두두두두두! 콰콰콰콰쾅!

"우와! 끝내준다, 알셈!"

알셈의 마법탄은 지금까지와는 달리 엄청난 파괴력으로 오크들을 쓰러뜨렸다. 순식간에 날아간 대량의 마법탄은 한 발 한 발이 수류탄 같은 위력을 발휘했다. 워낙에 연사 속도가 빠른 기관총이다 보니 그 효과가 엄청났다.

"삐빅! 550마리 오크 중 $\frac{3}{10}$인 165마리 처치. 남은 오크 385마리."

신이 난 우리는 계속 주위 오크들을 조준하며 머리 위에 떠오른 분수를 읽었다.

"좋았어! 계속 밀어붙이자! 왼쪽은 $\frac{6}{8}$이야."

"여기 오른쪽은 $\frac{3}{4}$이다, 꼴뚜기."

나와 알셈이 각각 왼쪽, 오른쪽을 가리키며 두 분수를 읽었지만 웬일인지 마법총은 아무 말이 없었다. 의아한 내가 총을 툭툭 치며 말하기를 기다렸다.

"뭐, 뭐야? 왜 갑자기 말이 없이? 이봐, 마법총! 덧셈이야 뺄셈이야?"

그때 저 멀리 앞을 조준하던 야무진이 외쳤다.

"앗! 반올림, 저기! 저 끝에 오크 군단장이 보여!"

야무진이 가리킨 곳은 100미터도 더 떨어진 곳이라 눈으로는 잘 보이지 않았지만, 멀리서 보기에도 덩치가 산만해서 예전에 봤던 그 오크 군단장임을 알 수 있었다. 수백 마리의 오크가 쓰러지자 드

디어 저 멀리 숨어 있던 보스가 나타난 것이다.

"어? 저 녀석, 머리 위에 $\frac{3}{6}$이라고 뜨는데?"

야무진이 총에 달린 망원경으로 멀리 있는 오크 군단장을 보며 말했다. 그러자 기다렸다는 듯 마법총이 말을 했다.

"삐빅! 발사 준비. $\frac{6}{8} + \frac{3}{4} - \frac{3}{6}$의 정답으로 마법탄 발사."

"이거였군! 야무진! 이번 마법탄은 네가 저 오크 군단장에게 쏘는 게 좋겠어. 거리가 너무 멀어서 우리 총으로는 닿지 않을 것 같아. 할 수 있겠어?"

"물론이지! 분모들의 최소 공배수만 구하면 그다음부턴 식은 죽 먹기잖아? 우선 8과 4와 6의 최소 공배수는 24니까, $\frac{6}{8} + \frac{3}{4} - \frac{3}{6}$ = $\frac{18}{24} + \frac{18}{24} - \frac{12}{24} = \frac{24}{24}$가 돼. 정답은 1!"

"삐빅! 장전 완료."

"정답이야, 야무진! 제법인데! 제대로 한방 먹여 줘!"

"좋았어! 간다아아아!"

야무진은 번쩍이는 마법 저격총을 오크 군단장을 향해 발사했고, 굉장한 폭발음 소리가 서울 시내에 울려 퍼졌다.

"콜록, 콜록!"

"으으, 어떻게 된 거야? 성공인가?"

야무진이 쏜 한 발은 총을 쐈다기보다 대포를 발사한 것 같았다. 우리 주변의 땅이 흔들리며 온통 먼지투성이가 될 정도의 화력이었다. 시내는 쥐죽은 듯 고요했다. 주위를 살폈지만 뿌연 먼지 때문에 좀처럼 앞이 보이지 않았다. 잠시 후 먼지가 걷히며 고요한 적막을 깬 건 우리 셋의 마법총에서 동시에 들려오는 목소리였다.

"삐빅! 385마리 오크 중 $\frac{24}{24}$인 385마리 처치. 남은 오크 0."

"서, 성공이다!"

"해냈다! 으하하하! 봤어? 봤어? 이 야무진 님이 해냈다고!"

야무진의 마법탄이 오크 군단장에게 날아간 흔적이 땅에 새겨져 있었다. 아스팔트로 된 도로가 총이 발사된 방향으로 모두 파일 정도로 그 파괴력이 정말 어마어마했다. 알셈이 바닥을 살펴보며 말했다.

"음, 굉장한 힘이야. 마법탄이 날아가며 부딪힌 오크들을 몽땅 끌고 최종 타격점까지 날아간 것 같아. 우리의 마법총은 이렇게 저마다 다른 특징이 있군."

"으하하하! 이 야무진 님이 게임에서 갈고 닦은 실력이 이제야 드러나는구나! 사실 우리 동네에서 '스나이퍼 야무진' 하면 모르는 사람이 없……."

"시끄럽고, 서두르자. 인간들, 시간을 너무 지체했어."

"뭐, 뭐얏!"

알셈이 야무진의 말을 끊으며 걸음을 재촉했다. 그것참 쌤통이군. 나도 거들었다.

"알셈 말이 맞아. 지금도 친구들과 박사님은 목숨이 오락가락 하는 상황이라고. 웃고 떠들 시간이 어디 있어?"

오랜만에 잘난 체할 기회를 뺏긴 야무진은 계속 투덜거렸지만 맞는 말이라 금세 입을 다물었다. 생각보다 시간을 너무 지체했다. 우리는 조금 더 속도를 내서 달렸다. 그나저나 항상 사람들로 붐비고 갖가지 소리로 가득했던 서울인데, 텅 비고 적막한 서울이라니…… 참 기분이 묘했다. 우리는 갈림길이 보이자 잠시 숨을 고르며 주위를 살폈다.

"헉헉, 저기를 좀 봐. 용산역이 보이지? 이대로 이촌 2동을 지나면 돼. 알셈, 시간이 얼마나 됐어?"

"출발한 지 40분쯤 됐어. 사람도 없고 차도 움직이지 않아서 차도를 가로질러 금방 왔지만, 아까처럼 오크들을 만나 시간이 지체되면 위험해. 이렇게 멈춰 쉬는 동안에도 시간은 흘러. 정 힘들면 천천히 걸어서라도 이동하자고."

"좋은 생각이야. 자, 가자! 야무진."

"으으으, 아름이를 생각하면 힘을 내야 하는데……."

낑낑거리는 야무진은 어느새 마법총을 지팡이 대신 짚으며 걷고 있었다. 으이구, 저질 체력 같으니. 걷기 시작한 지 얼마 되지 않아 갑자기 알셈이 내게 말했다.

"뭐? 무슨 말이야? 웅얼거리지 말고 똑바로 말해. 꼴뚜기."

"응? 너야말로 갑자기 무슨 소리야? 난 아무 말도 안 했어."

알셈은 오히려 그런 나를 보며 고개를 갸우뚱거렸다.

"이상한데, 분명 뭐라고 웅얼거리지 않았나?"

나와 알셈이 뒤를 돌아 힘겹게 따라오고 있는 야무진을 살펴봤지만 야무진은 기진맥진해서 웅얼거릴 기운도 없어 보였다.

"흐음, 내가 잘못 들었나?"

그때였다.

"그워어어어엉!"

온몸에 소름이 돋을 정도로 기괴한 소리가 들렸다. 나와 알셈 그리고 다 쓰러져 가는 야무진까지 빛의 속도로 총을 제대로 잡고 주위를 살폈다. 알셈이 속삭였다.

"들었지, 인간들?"

"으응. 대체 뭐지?"

"고, 곰 같은 거 아냐? 서울에 사람이 한 명도 없으니 산에서 곰 같은 게 내려왔을지도……."

겁을 잔뜩 먹은 야무진의 말이 전혀 설득력이 없진 않았다. 분명 그럴 수도 있을 것 같았다. 그 기분 나쁜 울음소리는 짧은 간격으로 계속 들려왔지만 어디에서, 무엇이 내는 소리인지 도무지 알 수 없었다.

"으, 으으. 뭐야 이거. 정말 무섭다고! 도, 돌아가면 안 될까? 여기 말고 다른 길로……."

알셈과 나 사이에서 잔뜩 어깨를 움츠린 야무진이 징징댔다. 스나이퍼 어쩌고 하며 떠들던 게 고작 20분 전이었다. 알셈이 한심하다는 투로 한 마디 했다.

"말도 안 되는 소리 마. 이게 제일 가까운 길이라고! 아무튼 주위를 잘 살펴보면서 가자."

그렇게 울음소리의 정체를 찾지 못한 채, 우리는 주위를 잔뜩 경계하며 아파트 단지로 들어섰다. 양옆에 아파트가 있어 길이 좁아지자 알셈이 말했다.

"길은 좁고 양옆으로 난 골목이 많으니 뭐가 갑자기 튀어나오면 위험할 것 같아. 일렬로 가자. 내가 양옆을 번갈아 살필 테니 너희가 앞과 뒤를 맡아."

알셈의 말은 일리가 있었다. 나는 야무진을 힐끔 살펴봤다. 아까부터 잔뜩 겁에 질려 있는 이 녀석이 앞장설 리가 없겠지?

"내가 앞에 설게."

"아, 아냐. 반올림, 차라리 내가 앞에서 갈게. 뒤에서 뭐가 다리를 콱 붙잡을 것 같다고!"

"참 나. 마음대로 해."

그렇게 야무진을 앞세워 우리는 일렬로 아파트 단지를 걸었다. 그때 한동안 들리지 않던 울음소리가 들렸다.

"그워어엉. 그워어……."

"히이이이익!"

선두에 있던 야무진이 비명을 질렀고, 그 바람에 소스라치게 놀란 나와 알셈도 주위를 살폈지만 아무것도 없었다.

"어휴, 제발 좀 진정해! 너 때문에 우리가 더 놀라잖아!"

"아, 알았어. 다 왔어. 저기 분리수거장만 지나면 아파트 단지가 끝이야."

그렇게 무사히 아파트 단지를 벗어나는가 싶던 그때였다. 분리수거장의 음식물 쓰레기통 근처에서 울음소리의 정체를 파악할 수 있었다.

"그워어어?"

"끼야아아악!"

그 정체는 바로 트롤이었다. 집채만 한 덩치의 트롤! 트롤은 음식물 쓰레기통을 뒤지다가 야무진의 비명에 자극을 받았는지 갑자기 무서운 얼굴로 우릴 향해 포효했다.

"크워어어어어!"

"바, 발사해, 발사!"

파앙! 파파팡! 두두두두!

놀란 우리는 트롤의 코앞에서 마법총을 난사했다. 그런데 이게 웬일? 트롤은 끄떡도 없었다. 오히려 총을 맞으면서도 천천히 우리에게 다가왔고, 우리는 뒷걸음질 치며 총을 쏴야 했다.

"뭐야, 이 녀석은! 우리 셋의 총을 모두 맞고도 끄떡없잖아?"

"으악! 인간들! 저길 봐!"

알셈은 아파트 단지 쪽을 가리켰다. 총소리와 트롤의 포효를 들었는지 아파트 쓰레기통 여기저기에 있던 트롤들이 어슬렁어슬렁 우릴 향해 모여들었다.

"끄워어어!"

"안 되겠어! 이봐, 인간들! 일단 모두 여길 벗어나자! 저기! 상가 쪽으로 뛰어!"

알셈은 아파트 단지 밖의 상가를 가리켰다. 총을 등에 메고 죽을 힘을 다해 뛰는 나와 야무진과 달리 알셈은 뒷걸음질 치며 계속해서 맨 앞에 따라오는 트롤에게 기관총을 쏘았다. 다행히 트롤은 오크처럼 빠르지 않았고 그 수도 많지 않았다. 하지만 힘이 어찌나 센지, 길을 가로막는 자동차나 자판기 등을 발로 뻥뻥 걷어차며 다가오는 모습은 공포 그 자체였다. 한참을 달려 간신히 벗어나는가 싶었는데, 우리 앞에 또 다른 트롤 서너 마리가 등장했다. 길이 막혔다!

"저, 저기! 저기에 숨자!"

야무진은 텅 빈 편의점을 가리켰고, 딱히 도망갈 곳이 없던 우리는 빠르게 편의점 안으로 숨었다. 가쁜 숨을 고르던 야무진은 편의점 밖으로 살짝 고개를 내밀어 주위를 살피더니 다시 재빨리 숨으며 말했다.

"흐익! 점점 가까이 오고 있어. 완전 포위됐다고! 이제 어떡해? 더는 뛸 힘도 없다고!"

로봇인 알셈과 달리 인간인 나와 야무진은 아까부터 쉬지 않고

계속 달린 탓에 체력이 바닥난 상태였다.

"휴, 셋이 힘을 합쳐도 단 한 녀석도 쓰러뜨리지 못하다니……."

"인간들. 마법탄은 얼마나 남았어?"

알셈의 말에 우리는 각자 남은 마법탄을 대강 세어 봤다. 처음에 1000발을 셋이 나눠 가졌는데 벌써 500발 가까이 사용했다. 마법탄을 모두 쓰면 총도 저절로 사라지게 된다고 했으니 무작정 트롤이 죽을 때까지 사격할 수도 없었다. 내 이야기를 듣고 알셈이 말했다.

"걱정 마. 일단 한 녀석만 잡으면 되니까. 이제 내가 신호를 주면 탄을 아끼지 말고 쏘도록 해."

그러자 야무진이 투덜대며 말했다.

"그게 무슨 말이야, 알셈? 우린 포위됐다고! 저 녀석들을 모두 잡아야지 한 녀석만 잡아서 뭐해?"

"한심하군. 총을 나눠 줄 때 미카엘이 했던 말 잊었어? '적을 한두 마리 쓰러트리면 총은 스스로 적의 정보를 수집해 약점을 간파하고 공략 방법을 말해 준다.'라고 했잖아."

맞아! 그랬지! 역시 로봇답게 한 번 기억한 것은 절대로 잊지 않는다니까?! 얄미운 녀석이지만 이럴 땐 정말 큰 도움이 된다. 난 그제야 조금 전 알셈의 행동이 이해가 갔다.

"그랬구나. 알셈 네가 도망치면서 계속 트롤을 쐈던 게……."

"이제야 알았냐? 자, 내가 계속 쏘던 저기 맨 앞에 오는 녀석은 거의 쓰러지기 직전이야. 모두 저 녀석을 집중 사격해. 앗! 가까이 왔다. 자, 준비해. 하나! 둘!"

"셋! 발사!"

알셈은 가장 먼저 용감하게 편의점에서 뛰쳐나와 맨 앞에 달려오는 트롤을 향해 기관총을 퍼부었다. 야무진과 나도 거의 동시에 뛰쳐나와 알셈이 사격하고 있는 녀석을 향해 끈질기게 마법총을 발사했다. 드디어 마법탄 수십 발을 맞은 한 트롤 녀석이 쓰러졌다.

"됐어! 한 녀석이 쓰러졌어!"

바로 그 순간 눈물이 날 정도로 반가운 총의 목소리가 들렸다.

"삐빅! 적 분석 완료. 이름 트롤. 레벨 25. 개체 수 15마리. 특징1 이동 속도 느림. 특징2 강력한 힘. 공략 방법 총을 트롤에게 겨누면 분수의 곱셈과 나눗셈이 나타남. 정답을 말하면 트롤의 몸에 약점이 표시됨. 그 약점을 향해 마법탄을 발사하면 처치 가능."

총이 말을 멈추자 야무진이 자신의 저격총에 마구 뽀뽀를 해 댔다.

"나이스! 고마워, 마법총! 사랑해, 마법총!"

"약점이 표시된다고? 일단 조준부터 해보자! 머뭇거릴 시간이 없어."

나는 다시 총을 잡고 쓰러진 트롤 뒤에 오던 다른 녀석을 조준했다. 아니나 다를까 그 녀석의 머리 위엔 조금 전 오크 때와 같이 분수가 나타났다. 이번엔 두 분수의 곱셈식이었다.

"저기 보여? $\frac{3}{4} \times \frac{1}{3}$이라고 나와."

내 말에 야무진이 그 분수를 보며 이렇게 말했다.

"끙, 분수의 곱셈은 너무 어렵다. 그냥 보이는 대로 나란히 분자는 분자끼리, 분모는 분모끼리 곱하는 거면 쉬울 텐데. 그럼 3 × 1 = 3, 4 × 3 = 12이니까 $\frac{3}{12}$이잖아. 뭐, 그렇게 계산하는 건 아니지, 반올림?"

"삐빅! 장전 완료. 약점. $\frac{3}{12}$지점."

"엥?"

정답을 말한 야무진의 마법 저격총이 눈부시게 빛났다. 나와 알셈은 어이가 없어 할 말을 잃었다. 분수의 곱셈은 야무진의 말대로 분자는 분자끼리 분모는 분모끼리 곱하면 되기 때문이다.

"으, 으음……. 어처구니가 없군. 아무튼 정답이야, 인간."

"어? 저길 좀 봐! 붉게 빛나고 있어!"

이제야 마법총이 말한 약점이 표시된다는 말이 무슨 뜻인지 알겠다. 분수는 트롤의 키를 나타낸 것이었다. 트롤의 몸 아래에서부터 $\frac{3}{12}$이 되는 지점은 무릎 근처였고, 그곳에 붉은색 레이저가 동그랗게 표시되었다. 바로 그곳이 약점이었다. 얼떨결에 정답을 맞힌 야무진은 이 와중에도 잘난 척을 잊지 않았다.

"그, 그래! 맞아! 사, 사실 난 분수 곱셈의 천재거든! 어때? 내 수학 실력이? 으하하하!"

"그렇게 말할 줄 알았어. 아, 얼른 쏘기나 해!"

"알았다고! 쏘면 될 거 아냐!"

파앙!

"크웨에엑!"

붉게 빛나는 트롤의 무릎에 야무진의 마법탄이 명중했다. 그 단 한 발에 트롤은 무릎을 움켜쥐고는 바닥에서 뒹굴며 일어나지 못했다. 성공이다!

"좋아! 다음!"

자신감을 얻은 야무진은 곧바로 다음 녀석을 조준했다. 그 트롤의 머리 위에 나타난 분수의 곱셈식은 $\frac{2}{8} \times 3$이었다.

"아, 그 녀석의 정답은······."

내가 말하려던 그 순간, 야무진이 나를 향해 인상을 잔뜩 쓰며 외쳤다.

"나도 알아! 그거야 간단하지! 2×3 = 6! 8×3 = 24! 정답은 $\frac{6}{24}$! 기약 분수로는 $\frac{1}{4}$이군. 으하하하! 어떠냐? 반올림!"

"삐빅! 오답. 기능 고장. 5분간 마법탄 사용 불가능."

마법총의 대답에 우리 셋은 말을 잃었고, 적막이 흘렀다.

"후우, 내 말을 끊고 고작 한다는 이야기가······."

난 고개를 절레절레 흔들며 깊은 한숨을 쉬었다. 알셈은 화낼 기운도 없는지 야무진에게 나지막한 기계음으로 말했다.

"이봐, 노랑 머리. 그냥 조용히 있으면 안 될까? 부탁이야."

"왜, 왜 틀린 거야! 아까랑 똑같이 했는데!"

되레 짜증을 내는 야무진에게 참다못한 알셈이 버럭 소리를 질렀다.

"똑같이 했으니까 틀렸지! 이건 분수와 자연수의 곱셈이잖아. 자연수 3은 분수로는 $\frac{3}{1}$이라고 쓴다고. 즉 $\frac{2}{8} \times 3 = \frac{2}{8} \times \frac{3}{1}$이 되는 거

야. 그러니까 $\frac{6}{8}$이잖아! 약분하면 $\frac{3}{4}$이야."

"삐빅! 장전 완료. 약점. $\frac{3}{4}$지점."

알셈의 마법 기관총은 야무진을 구박하며 설명하는 목소리까지 정확히 인식하고 빛을 냈다.

"그, 그렇구나."

"으이그! 네 총은 5분간 쏘지 못하니 갖고 있는 마법탄이나 내놔!"

나와 알셈은 야무진이 갖고 있던 마법탄을 몽땅 챙겨 편의점 밖으로 나왔다. 알셈이 정답을 말한 트롤은 $\frac{3}{4}$지점으로 보이는 목 부분에 붉은 레이저가 보였다. 알셈이 그곳을 명중시키자 역시 단 한 발로 트롤은 목을 잡고 쓰러졌다. 그렇게 한두 마리씩 알셈과 내가 편의점 주변으로 다가오는 트롤들을 정리해 나갔다.

"좋아, 15마리라더니 정확하군. 딱 14발 썼어. 그럼 이제 저 녀석이 마지막인가?"

나와 알셈은 마지막 남은 한 녀석이 다가오는 것을 보았다. 그런데 그 녀석은 지금까지의 트롤보다 덩치가 더욱 큰 데다 이마엔 뿔이 나 있고, 등에는 날개도 달려 있었다. 심지어 어설프긴 했지만 말도 했다.

"크워어! 나! 트롤 부대! 대장! 오우거! 루시퍼 님! 이름으로! 네놈들! 부숴 버린다!"

그러더니 오우거라는 녀석이 갑자기 도로에 있던 트럭을 한손으로 번쩍 들어올렸다. 마치 사람이 휴대폰을 집어 든 것처럼 아무렇지도 않게 말이다.

"으아아악! 조, 조심해!"

우지끈! 콰쾅!

알셈과 나는 양쪽으로 갈라져 간신히 날아오는 트럭을 피했다. 조금만 늦었어도 끔찍한 일이 생길 뻔했다. 오우거는 트롤 부대의 대장답게 지금까지 보았던 몬스터 중 그 누구보다 힘이 셌다. 그렇지만 다른 트롤과 마찬가지로 동작은 그리 빠르지 않았다. 오우거는 우리가 트럭을 피하자 또 집어던질 만한 자동차를 찾는지 주위를 두리번거렸다.

"조, 조준해, 반올림! 내가 주의를 끌게!"

"그래, 알았어! 조심해!"

알셈은 바퀴를 굴려 일부러 오우거 근처에서 알짱거렸다. 예상대로 오우거는 빠르게 이리저리 움직이는 알셈을 보고는 바싹 약이 올라 팔을 붕붕 휘두르며 따라다녔다. 팔을 휘두를 때마다 주위의

전봇대나 자동차가 박살이 났지만 워낙에 느린 공격이었기 때문에 알셈은 요리조리 쉽게 피하고 있었다. 나는 그 틈을 타 재빨리 오우거를 조준했다.

"으으음. 이, 이건 분수의 나눗셈이잖아? $\frac{2}{7} \div \frac{4}{9}$ 군."

분수의 나눗셈은 나누는 분수의 분자와 분모를 바꿔서 곱하면 된다. 그러니까 나누는 분수 $\frac{4}{9}$는 $\frac{9}{4}$로 바꾸면 된다. 그러므로 $\frac{2}{7} \div \frac{4}{9} = \frac{2}{7} \times \frac{9}{4} = \frac{18}{28} = \frac{9}{14}$가 된다.

"정답은 $\frac{9}{14}$!"

"삐빅! 장전 완료. 약점. $\frac{9}{14}$지점."

"어이! 이봐! 오우거!"

"크워엉?"

내가 큰소리로 부르자 오우거가 나를 휙 돌아봤다. 역시 $\frac{9}{14}$지점, 배 쪽에 붉은 레이저가 보였다!

"좀 따끔할 거야. 이얍!"

파앙!

"크워어어억!"

마법탄이 정확히 오우거의 배에 명중했다. 오우거는 배를 붙잡고 바닥을 데굴데굴 구르더니 이내 거품을 물고 기절해 버렸다. 좋았어! 오크 부대, 트롤 부대 모두 쓰러뜨렸다!

"후유! 훌륭하군. 하지만 쉴 시간 없는 거 알고 있지, 꼴뚜기?"

"물론이야. 야무진! 가자! 서둘러야 해!"

내내 편의점에 숨어 있던 야무진은 쓰러진 오우거도 무서운지 멀리 돌아서 슬금슬금 우리 쪽으로 다가왔다. 시계를 보니 이제 한 시간이 경과되었다. 일원이, 아름이, 피타고레 박사님은 괜찮을까? 기다려라, 루시퍼! 내가 간다!

〈하권에 계속〉

와구와구 수학 랜드 2

여러분, 본문 속에 녹아 있는
분수의 덧셈, 뺄셈, 곱셈, 나눗셈에 대해
더욱 자세히 알아볼까요?

1 분수의 덧셈과 뺄셈을 해봅시다.

분모가 다른 두 분수를 더하거나 빼는 방법을 알아볼까요?
분모가 다른 두 분수의 덧셈과 뺄셈은 다음과 같은 순서로 하면 됩니다.

[1단계]   분모의 최소 공배수를 찾는다.

⇩

[2단계]   분모가 최소 공배수가 되도록 각 분수의 분모와 분자에 같은 수를 곱한다.

⇩

[3단계]   분모가 같은 분수의 덧셈, 뺄셈을 한다.

그러면 위의 방법을 써서 $\frac{1}{2} + \frac{1}{3}$을 계산해 볼까요? 2와 3의 최소 공배수는 6이니까 두 분수를 분모가 6인 분수로 바꾸면 돼요. $\frac{1}{2}$의 분모가 6이 되려면 분모에 3을 곱하면 되겠죠? 이제 분모와 분자에 똑같이 3을 곱해 봅시다. 어떤 분수의 분자와 분모에 같은 수를 곱해도 원래의 값은 달라지지 않으므로, $\frac{1}{2} = \frac{3}{6}$이랍니다. 마찬가지로 $\frac{1}{3}$의 분모가 6이 되게 하는 수 2를 분모와 분자에 똑같이 곱하면 $\frac{1}{3} = \frac{2}{6}$가 되지요. 따라서 $\frac{1}{2}$과 $\frac{1}{3}$을 공통분모로 고쳐 계산하면 $\frac{1}{2} + \frac{1}{3} = \frac{3}{6} + \frac{2}{6} = \frac{5}{6}$가 된답니다.

$\frac{1}{6} + \frac{3}{4}$를 계산해 볼까요? 6과 4의 최소 공배수는 12이므로 분모가 12가 되도록 분자와 분모에 같은 수를 곱해 계산하면 되겠지요? $\frac{1}{6} + \frac{3}{4} = \frac{1 \times 2}{6 \times 2} + \frac{3 \times 3}{4 \times 3} = \frac{2}{12} + \frac{9}{12} = \frac{11}{12}$이 됩니다.

뺄셈도 같은 방법으로 하면 됩니다. $\frac{6}{8} - \frac{2}{6}$를 계산해 볼까요? $\frac{6}{8} - \frac{2}{6} = \frac{6 \times 3}{8 \times 3} - \frac{2 \times 4}{6 \times 4} = \frac{18}{24} - \frac{8}{24} = \frac{10}{24} = \frac{5}{12}$가 됩니다. 어렵지 않지요?

2 분수의 곱셈 방법에 대해 알아봅시다.

먼저 분수와 분수의 곱셈은 다음의 원칙을 꼭 지켜야 해요.

분자는 분자끼리 곱하고 분모는 분모끼리 곱한다.

예를 들어 $\frac{2}{3} \times \frac{7}{5}$을 계산해 봅시다. 분자끼리의 곱은 14이고, 분모끼리의 곱은 15예요. 그러므로 두 분수의 곱셈은 $\frac{2}{3} \times \frac{7}{5} = \frac{14}{15}$이지요.

자연수와 분수의 곱셈은 분수의 분자에 자연수를 곱한다.

$\frac{2}{5} \times 3$처럼 자연수와 분수를 곱할 땐 어떻게 해야 할까요? 자연수는 분수로 나타낼 수 있어요. 자연수 3은 $\frac{3}{1}$과 같지요. 그러므로 $\frac{2}{5} \times 3$은 $\frac{2}{5} \times \frac{3}{1} = \frac{6}{5}$이 됩니다.

3 분수의 나눗셈 방법에 대해 알아봅시다.

이번에는 분수의 나눗셈에 대해 알아볼까요? 분수의 나눗셈은 다음을 꼭 기억해야 합니다.

> 나누는 분수의 분자와 분모를 바꾸어 곱한다.

예를 들어 $\frac{2}{3} \div \frac{5}{6}$ 를 계산해 볼까요? 여기에서 나누는 분수는 $\frac{5}{6}$ 예요. 나누는 분수의 분자와 분모를 바꾸어 곱해야 하므로 '$\div \frac{5}{6}$'는 '$\times \frac{6}{5}$'이 되지요? 그러므로 $\frac{2}{3} \div \frac{5}{6}$ 를 계산하면 $\frac{2}{3} \times \frac{6}{5} = \frac{12}{15} = \frac{4}{5}$ 가 됩니다.

수학 추리 극장 2

땡동!

"아름아! 삼촌 왔다!"

아름이네는 최근 교외로 이사했다. 어느 토요일 오전, 피타고레 박사는 오랜만에 아름이 얼굴도 볼 겸 집들이를 왔다. 아름이가 졸린 눈을 부비며 마중을 나왔다.

"흐아암! 안녕하세요, 삼촌. 놀러 오신 거예요?"

"그래. 주말이고 해서 모처럼 들렀단다. 허허, 역시 교외라 그런지 공기가 맑구나. 집도 참 좋고 말이야."

박사가 집 여기저기를 구경하는 사이 아름이가 부엌 쪽으로 가며 말했다.

"삼촌, 뭐 마실 거라도 드릴…… 으하아아아암!"

아름이는 말하다 말고 입이 찢어져라 하품을 했다. 아름이는 아까부터 눈을 반쯤 감고 있었는데 자세히 보니 약간 충혈된 게 아주 피곤해 보였다.

"엥? 아름이 너 눈이 왜 그러니? 가만 보니 얼굴도 영 말이 아니네. 잠을 못 잔 거야?"

"아휴, 맞아요. 새집이라고 다 좋은 건 아닌 것 같아요. 실은 그게…….'

"냐오오오오!"

아름이가 말하는 중에 갑자기 집 밖에서 고양이 울음소리가 들렸다.

"아니, 이게 무슨 소리야?"

"바로 이거예요. 이 동네에 길고양이들이 많더라고요. 귀여워서 저도 가끔 먹을 것도 가져다주곤 하지만, 이렇게 시도 때도 없이 울어대거든요. 고양이는 밤에 활동하는 야행성 동물이라잖아요? 한밤중이나 새벽에 얼마나 울어대는지……. 도저히 잠을 잘 수가 없어요."

"흠, 그랬구나. 하긴 넌 어렸을 때도 잠귀가 밝아서 작은 소리에도 깨곤 했지. 이것 참 큰일이구나. 고양이들을 조용히 하게 할 수도 없고……."

"그러게 말이에요. 그렇다고 집 없는 불쌍한 고양이들을 쫓아내고 싶지도 않고……. 그것 때문에 요샌 삼촌처럼 낮잠 자는 시간이 많아졌다니까요."

"그, 그건 안 되지. 한창 클 나이에 잠자는 시간이 불규칙하면 좋지 않거든. 음, 일단 네 방이 어디니? 방으로 가 보자꾸나."

"제 방이요? 이쪽이에요."

아름이는 피타고레 박사를 자기 방으로 안내했다. 마침 창가에 예쁜 고양이 한 마리가 앉아서 울고 있었다.

"야오옹!"

"어머머, 귀여워라. 어휴, 이러니 어떻게 쫓아내겠어요."

아름이는 자기 방 창가에 앉은 고양이를 쓰다듬어 주었다. 피타고레 박사는 바로 그 창가를 유심히 살피더니 말했다.

"음! 이거였군! 아름아, 고양이도 내쫓지 않고, 너도 편안히 잘 수 있는 방법이 있단다."

"네? 정말요? 그게 뭔데요?"

"바로 이 창문이란다. 네 방 바로 바깥이 고양이들이 다니는 길인데, 이 창문 하나만 있지 않니? 이 창문을 이중으로 하면 소리가 한결 줄어들 거다."

"네에? 말도 안 돼. 창문 수를 늘린다고 소리가 줄어들어요? 그럼 세 개, 네 개로 늘리면 밖에서 나는 소리가 하나도 안 들리게요?"

"정말이라니까? 정 못미더우면 내가 직접 만들어 주마. 그래. 넌 유독 잠귀가 밝으니 말 나온 김에 세 겹으로, 삼중 창문을 만들어 주지!"

박사는 바로 나가 공구를 구해 와 아름이 방의 창문을 뚝딱뚝딱 수리했고, 삼중으로 된 창문을 만들었다.

박사가 만든 삼중 창문의 효과는 놀라웠다. 거의 아무런 소리도 들리지 않아 아름이는 오랜만에 숙면을 취할 수 있었다. 그렇게 피타고레 박사의 삼중 창문은 입소문을 타고 여기저기로 퍼져, 저마다 자기 집에도 삼중 창문을 설치해 달라는 사람들로 탐정 사무소는 인산인해를 이루었다. 피타고레 박사는 사무소로 몰려든 사람들을 뿌리치며 외쳤다.

"으악! 안 해요 안 해! 그건 제 조카니까 해 준거지요! 그리고 여긴 탐정 사무소라고요!"

창문 수를 여러 겹으로 늘리면 소리가 줄어드는 이유는 무엇일까?

해결

창문을 여러 개 사용했을 때 소리가 줄어드는 이유는 분수의 곱셈으로 설명할 수 있다. 유리창 하나를 통과하면서 소리의 세기는 약해지게 된다. 처음 소리의 세기를 1이라고 가정하고 유리창 하나를 통과한 후 소리의 세기가 $\frac{2}{5}$로 줄어든다고 가정하면, 유리창 하나를 사용했을 때 외부 소리의 $\frac{2}{5}$가 안으로 들어오게 된다고 볼 수 있다. 즉 창밖 소리의 40% 정도를 듣게 된다.

하지만 유리창을 두 개 사용하면 하나의 유리창을 통과할 때마다 소리의 세기는 $\frac{2}{5} \times \frac{2}{5} = \frac{4}{25}$배로 감소한다. 그러므로 두 개의 유리창을 통과한 후 소리의 세기는 $\frac{4}{25}$로 줄어들게 된다. 이 경우 창밖 소리의 16% 정도를 듣게 된다.

피타고레 박사처럼 삼중 창문을 이용하면 $\frac{2}{5} \times \frac{2}{5} \times \frac{2}{5} = \frac{8}{125}$이 되는데, 이때는 창밖 소리의 6.4% 정도를 듣게 된다. 이렇게 유리창을 여러 개 겹쳐 창문을 만들면 외부 소음을 차단해 조용한 방을 만들 수 있다.

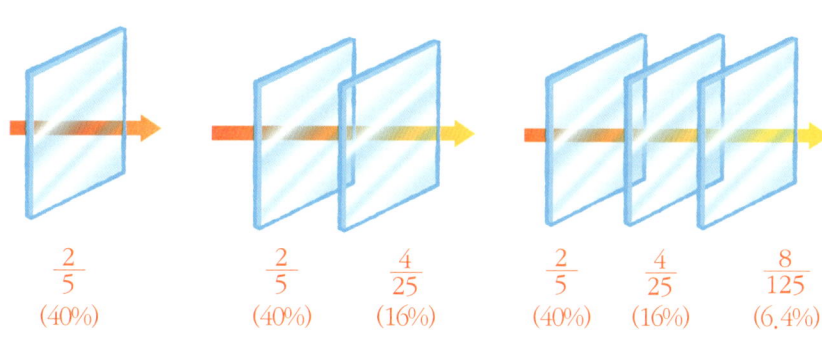